《人民调解实务》编委会

人民调解实务

主审 盛永彬
主编 刘树桥 马 辉

暨南大学出版社
JINAN UNIVERSITY PRESS
中国·广州

图书在版编目（CIP）数据

人民调解实务 / 刘树桥，马辉主编. —广州：暨南大学出版社，2008. 2（2008. 7 重印）

ISBN 978-7-81079-958-4

Ⅰ. 人…　Ⅱ. ①刘…　②马…　Ⅲ. 民事纠纷—调解（诉讼法）—基本知识—中国　Ⅳ. D925.114

中国版本图书馆 CIP 数据核字（2008）第 008556 号

出版发行：暨南大学出版社

地　址：中国广州暨南大学
电　话：总编室（8620）85221601
营销部（8620）85225284　85228291　85220693（邮购）
传　真：（8620）85221583（办公室）　85223774（营销部）
邮　编：510630
网　址：http://www.jnupress.com　http://press.jnu.edu.cn

排　版：广州市天河星辰文化发展部
印　刷：肇庆市端州报社印刷厂

开　本：787mm × 960mm　1/16
印　张：10.25
字　数：193 千
版　次：2008 年 2 月第 1 版
印　次：2008 年 7 月第 2 次
印　数：6001—9000 册

定　价：19.80 元

目 录

前　言

人民调解是一项具有中国特色的法律制度，是诉讼程序之外化解矛盾、消除纷争的有效途径，是新时期维护社会稳定的“第一道防线”。充分发挥人民调解在处理人民内部矛盾中的优势与作用，努力把各种矛盾纠纷化解在萌芽状态，是构建和谐社会的重要手段。

当前形势下，改革开放的深入和利益格局的调整所带来的利益主体多元化，导致了社会矛盾主体的多元化和矛盾纠纷的多样化、复杂化，这也给人民调解工作带来了严峻的考验和新的挑战。为此，以构筑“大调解”格局为基本思路、以加强基层调解组织的建设并充分发挥人民调解员作用为核心的人民调解工作，已成为维护当前社会稳定的迫切需要和重要举措。然而，人民调解工作的现实状况是缺乏专业化的人民调解队伍，这使人民调解工作的优势没能得到充分发挥。对于工作在第一线的人民调解员来说，更是迫切需要系统的人民调解技能理论的指导，以适应时代和形势的要求。

尽管我国人民调解制度有着悠久的历史，但缺乏对人民调解制度深入系统的研究，而有关人民调解的书籍，特别是能系统提高人民调解员实战技能的实用教材更是少之又少。鉴于此，编写针对性强、旨在提高人民调解员调解技能、突出实用性的《人民调解实务》实属必要。为使本书能真正体现内容丰富、生动实用的特点，满足基层法律工作者的需要，承担本书编写任务的作者先后到深圳、珠海、江门、台山、中山、东莞等地司法行政部门和基层司法所进行调研，掌握了大量的有关人民调解工作的第一手材料。并以此为依托，形成了人民调解工作的系统方法和技能。

本书理论体系完整、内容新颖、例证生动鲜活，适用对象主要是从事基层法律工作的人员。希冀通过本书进行的学习和培训，能使从事基层司法工作的人员系统掌握和普遍提高人民调解技能。不仅如此，本书同样适合高职院校法律事务专业学生作为教材使用，对其他司法工作者也具有参考价值。

本书由盛永彬教授任主审，刘树桥、马辉任主编。编写分工如下：第一章由罗平娥编写、第二章和第六章由刘树桥编写、第三章由江俊蓉编写、第四章由林红编写、第五章由李娜编写、第七至第九章由马辉编写。全书从编写大纲的拟定到各章节内容的组织、撰写及修改工作由盛永彬教授牵头，由刘树桥和马辉具体负责，最后由盛永彬教授修改和定稿。

在本书的编写过程中，编者参阅和借鉴了有关学者和相关部门的研究成果和文献资料。在此，对他们表示诚挚的谢意！在调研过程中，编得得到了深圳、珠海、江门、台山、中山、东莞等地司法行政部门领导、基层司法所和人民调解委员会工作人员的热情帮助和鼎力支持，从而获取了有关人民调解工作的宝贵资料，谨此，对他们表示由衷的感谢！

由于编者能力和水平有限，尽管付出了艰苦的努力，不足和缺陷仍在所难免，恳请读者包容之余多提宝贵意见。

编　者

2008年5月于广州龙洞

第一章　人民调解概述

第一节　人民调解的概念和特征

民间调解作为解决争议的一种行之有效的古老方法，在我国有着悠久的历史。我国现行的人民调解制度，正是在我国古代民间调解活动的基础上逐渐演变而来的。它是中国共产党在革命根据地时期创建发展起来的具有中国特色的法律制度。早在1931年11月的《苏维埃地方政府的暂行组织条例》中就规定了地方政府具有调解职能，而1942年的《晋察冀边区行政村调解工作条例》和1943年的《陕甘宁边区民刑事案件调解条例》等更是将人民调解制度进一步制度化、法律化。

建国以后，人民调解制度得到了进一步的完善和发展。1954年，《人民调解委员会暂行组织通则》的颁布实施，标志着人民调解制度在新中国首次确立。党的十一届三中全会以来，人民调解工作进入了健康、快速发展的时期，特别是1989年国务院颁布的《人民调解委员会组织条例》，进一步完善了人民调解组织网络，使人民调解工作逐步走向规范。实践证明，人民调解已成为解决社会矛盾纠纷的重要途径和有效方法之一，成为开展社会治安综合治理、维护社会稳定的一支重要力量，是人民群众自我管理、自我约束和自我服务的一项优良制度，是我国社会主义民主法制建设的重要内容。人民调解制度在国际上享有“东方经验”、“东方一枝花”的美誉。

人民调解制度作为一项具有中国特色的社会主义法律制度，在化解民间纠纷、宣传党的方针与政策、反映社情民意、实现群众自治和加强基层民主政治建设等方面发挥着不可替代的作用。2000年以来，最高人民法院、司法部等先后出台多项规定，对人民调解的组织形式进行了调整和改造，明确了人民调解协议的法律效力，这有效地推动了人民调解制度的发展。

一、人民调解的概念

（一）调解的概念

调解是指在第三方的主持下，以国家法律、法规和政策以及社会公序良俗为依据，对纠纷双方当事人进行调解、劝说，促使他们互谅互让，在平等自愿的基础上达成协议，解决纠纷的活动。

调解具有三个方面的特征：一是由第三方主持协商，不同于双方当事人自行协商和解。调解的过程，就是第三方在当事人之间进行利益协调和心理平衡的过程；二是第三方主持人在调解中的作用仅限于斡旋、协调，而不能对双方做出任何强制性的决定或者裁决；三是调解协议不具有法律强制力，协议的履行有赖于当事人的自愿，一方当事人在签收后如果反悔，另一方当事人可以通过其他合法途径解决纠纷。

（二）人民调解的概念

人民调解，是指在人民调解委员会的主持下，依据法律、法规、规章、政策以及社会公德、公序良俗等，对涉及民事权利义务的民间纠纷，在查明事实、分清是非的基础上，通过说服教育和规劝疏导的方法，促使当事人双方在自愿平等和互相谅解的前提下，达成调解协议，解决民间纠纷的活动。它是人民群众进行自我教育、自我管理、自我服务的一种群众性自治活动。

人民调解所针对的民间纠纷，包括发生在公民与公民之间、公民与法人或者其他社会组织之间涉及民事权利义务争议的各种纠纷。

（三）人民调解与司法调解、行政调解的区别

1. 人民调解与司法调解的区别

司法调解，也叫法院调解，是指双方当事人在人民法院审判人员的主持下，通过平等协商的方式解决纠纷的诉讼活动。

人民调解和司法调解都是解决纠纷当事人纷争的重要方式。采用的方法都是通过说服教育、宣传法律政策，促使当事人互相谅解达成和解协议，消除纷争。适用的原则基本上都是“自愿原则”、“合法原则”、“查明事实、分清责任原则”。但这两种调解制度之间也有着不同。

（1）调解主持机构不同。主持人民调解工作的机构是人民调解委员会，它是基层群众自我管理、自我教育、自我服务的民主自治组织。而司法调解的主持机构则是人民法院，它是法定的国家审判机关。

（2）调解的性质不同。人民调解是不具有诉讼性质的诉讼外纠纷解决机制，是民间调解的特殊形式，同时也是一种群众性自治行为。司法调解则是人民法院审判人员在办理案件过程中主持和引导当事人用平等协商的办法解决纠纷、达成协议的诉讼活动，它是在诉讼内进行的，是法院行使审判权的一种方式。

（3）调解权的来源和性质不同。在人民调解中，人民调解委员会主持调解工作是基层人民群众直接授予的民主自治权利，人民调解工作人员与被调解对

象之间是民主平等关系。而人民法院主持调解，审判人员是代表国家，依法与被调解对象发生诉讼法律关系。

(4) 调解的范围不同。人民调解的范围是民间纠纷，主要是公民之间以及公民与法人或者其他社会组织之间有关人身、财产权益以及其他日常生活纠纷。司法调解的范围则是所有符合法院受案条件的民事案件、刑事附带民事诉讼案件、行政损害赔偿案件以及刑事自诉案件等。

(5) 调解适用的程序不同。人民调解属于诉讼外调解，调解不是解决纠纷的必经程序，调解完全取决于当事人的意愿，调解未能达成协议的，人民调解委员会无权对纠纷作出处理决定，也不能移送人民法院审理。司法调解则属于诉讼内调解，调解不成的，人民法院应当及时作出裁判。

(6) 调解协议的效力不同。根据最高人民法院通过的《关于审理涉及人民调解协议的民事案件的若干规定》，人民调解协议具有民事合同性质，其实质是平等主体的自然人、法人以及其他社会组织之间设立、变更、终止民事权利义务关系的协议，它不是严格意义上的法律文书，因而不具有强制执行的效力。而司法调解达成的协议和制作的调解书，是国家审判机关行使审判权的司法文书，调解书一经送达当事人，就立即生效，并与法院制作的判决书具有同等法律效力，是法院强制执行的依据。

2. 人民调解与行政调解的区别

行政调解是指在国家行政机关主持下，根据自愿和合法的原则，通过说服教育的方法，促使双方当事人友好协商、互谅互让而达成和解协议，以解决其争议的一种诉讼外活动。行政调解作为我国调解制度的重要组成部分，已经成为行政机关进行有效的行政管理所必不可少的辅助手段。行政调解和人民调解虽然都是解决纠纷的重要手段，都是根据自愿、合法的原则进行调解，而且都属于诉讼外纠纷解决机制，但是二者仍然有着明显的区别。

(1) 调解主持机关不同。人民调解是由依法成立的专门的人民调解委员会主持调解，而行政调解是由国家行政机关主持调解。前者是基层群众性自治组织，后者是行使国家行政管理职能的机关。

(2) 调解的性质不同。人民调解是一种群众性的自治活动，而行政调解是行政机关行使行政职权的表现，属于官方调解。

(3) 调解对象的范围不同。如前所述，人民调解所针对的民间纠纷，属于一般民事纠纷，包括发生在公民与公民之间、公民与法人或者其他社会组织之间涉及民事权利义务争议的各种纠纷。此类纠纷主要以日常生活中发生的纠纷为主，案情往往并不复杂，涉案金额一般也不高，但数量庞大。而行政调解则较少涉及一般民事纠纷，大部分是以特定领域的民事纠纷为调解对象，涉及资源权属纠纷、电信纠纷、消费纠纷、知识产权纠纷、交通事故纠纷等。而且行政调解所调解的范围比较广泛，既可以是民事争议，也可以是某些轻微的刑事案件，还可以是涉及国家行政职权的行政赔偿争议（这种行政赔偿争议仅限于国家行政机关在行使行政职权过程中对管理相对人的人身和财产造成损害而引起的争议，且主要是涉及财产利益）。

(4) 法律效力不同。人民调解协议作出后，并不具有法律强制力。而就行政调解而言，要区分不同的情形。一方面，在通常情况下，行政调解一旦成立，行政机关不能再就同一事项另行作出行政处理。但对某些特定事项，经行政调解达成协议后，当事人如果不履行，行政机关仍可作出行政处理。另一方面，行政调解协议既可能具有法律强制力也可能不具有法律强制力：对于具有法律强制力的行政调解协议，一方当事人如果不履行，另一方当事人有权申请人民法院强制执行。对于不具有法律强制力的行政调解协议，一方当事人如果在签收后反悔，另一方当事人可以通过其他合法途径解决纠纷。

二、人民调解的特征

人民调解是解决纠纷的重要方法，也是我国社会主义民主法制建设的重要组成部分。它作为一种民间活动，具有以下三个特征。

一是人民性。人民调解是在社会主义国家人民民主专政的条件下产生并发展起来的；人民调解员是由经人民群众选举或接受聘任，并具有一定的政策法律知识的人担任；调解的民间纠纷是人民内部矛盾；调解的依据是国家的法律、法规、政策和社会公德；调解的目的是平息人民群众之间的纷争，增强人民内部团结，维护社会稳定，实现群众自治。

二是自治性。一方面，人民调解坚持平等、自愿、合法的原则。调解必须建立在双方当事人自愿的基础上，表现出明显的当事人主义。人民调解委员会无权强迫任何一方当事人接受调解或履行义务，更无权对当事人的人身或财产采取强制性措施，当然也不能背离国家法律、法规和政策的精神以及社会公德的要求而“和稀泥”。根据有关法律、法规的规定，对于人民调解协议，当事人应当履行，但如果一方当事人反悔，则允许另一方当事人向人民法院提起诉讼。也就是说，人民调解协议没有强制执行的效力，这体现了人民调解的自治性。另一方面，人民调解员在调解纠纷时运用疏导规劝、说服教育、协商和解的方法，又体现了它的民主性。

三是准司法性。首先，人民调解必须在调解委员会主持下进行，它不同于群众自发进行的协商和解行为；其次，作为诉讼外民间纠纷解决机制，人民调解的工作方式、工作程序、工作纪律等都是由国家法律、法规进行规范的；再次，人民调解组织的工作水平较高，它一方面分担了国家权力组织的一部分工作压力，另一方面也分享了国家权力组织的权威和能量，使得人民调解工作具有较高的社会公信力；最后，人民调解组织还要接受司法行政部门和人民法院的指导和监督。

第二节　人民调解的任务

根据《中华人民共和国宪法》、《中华人民共和国民事诉讼法》、《人民调解委员会组织条例》、《人民调解工作若干规定》等相关法律、法规的规定，人民调解的工作任务主要有三项。

一、通过调解民间纠纷防止纠纷激化升级

预防和调解纠纷是人民调解工作的首要任务。人民调解员对当事人间的纠纷，应当在查明事实、分清责任的基础上，根据当事人的特点和纠纷的性质、难易程度、发展变化的情况，采取灵活多样的方式，开展耐心、细致的说服疏导工作，促使双方当事人互谅互让，消除隔阂，化干戈为玉帛，引导当事人最终达成解决纠纷的调解协议。同时密切注意纠纷激化的苗头，要把解决纠纷和了解社情民意结合起来，及时掌握纠纷的动态，防止"民转刑"案件的发生。改革开放以来，随着社会经济的迅速发展，人们的法律意识不断提高、维权意识有所增强，民间纠纷总量逐年增加，并且呈现出纠纷主体多样化、纠纷来源及性质复杂化、纠纷内容多样化的趋势。这些变化给人民调解工作提出了更高的要求。因此，人民调解组织对于各种民间纠纷，要坚持抓早、抓小、抓苗头，认真总结民间纠纷发生、发展和变化的规律，积极探索、尝试和积累各种预防纠纷激化的方法和经验，把纠纷化解在萌芽状态，把复杂疑难问题解决在基层，做到小事不出村（即村民委员会或者居民委员会），大事不出镇（即乡镇或者街道办事处），从源头上预防和化解矛盾纠纷。最终实现人民调解工作服务群众、服务基层、维护稳定、促进社会和谐的终极目标。

二、大力开展法制宣传和社会主义道德教育

改革开放近30年来，特别是1999年将"依法治国，建设社会主义法治国家"写入宪法以来，全国人大及其常委会、国务院、地方各级人大及其常委会以及地方各级人民政府制定了一系列法律、法规、规章及其他规范性文件。这些法律、法规和规章等要得到切实的贯彻落实，有赖于在全社会普及法律常识。人民调解组织调处纠纷的过程，必然涉及公共道德、法律法规以及国家政

策等各方面的问题。所以，人民调解委员会应当利用调解纠纷的机会，有针对性地向当事人及周围群众宣传法律、法规和政策，同时结合人民群众所关心的实际问题进行释疑解惑。通过开展法制宣传教育，弘扬法治精神，提高广大人民群众的法律意识和权利保护意识，从而预防纠纷的发生。

同时，调处纠纷的过程，也是对人民群众进行社会主义道德教育的过程。实施以德治国，塑造民族精神，不仅是社会主义精神文明建设的内在要求，而且也是建设社会主义物质文明和政治文明的内在要求。根据纠纷发生的性质、特点，结合当事人的实际情况，有的放矢地进行道德教育，释疑解惑、明辨是非、鼓舞士气、凝聚民心，做到调解一案、教育一片。把社会主义道德教育同解决群众的实际困难结合起来，把教育引导群众与切实服务群众结合起来。这对于形成良好的社会风气、提升公民道德水平、推进社会主义和谐社会建设，都有着极为重要的现实指导意义，这也是新时期人民调解工作的重要任务。

三、积极推进基层民主法制建设

人民调解员在调处纠纷的过程中，往往能够吸引附近的邻居和群众前来旁听，调解过程中的是非对错自然就成了群众议论的话题，这既使群众受到生动而直观的法制教育，也对人民调解员起到了很好的监督作用。同时，人民调解组织要积极开展安全文明创建等活动，加强治安防范工作，促进社会治安长效机制的形成，推进基层民主法制建设。把人民调解工作与人民来信来访、社会治安综合治理等工作有机结合起来，及时向当地居民委员会、村民委员会以及基层人民政府反映民间纠纷发生的现状和人民调解工作的情况，将社情民意及时反馈到国家法律、法规、政策的贯彻和执行过程中，这既是人民调解工作的重要任务，也是对党的十六大提出的“依法治国和以德治国相辅相成，发展社会主义民主政治，建设社会主义政治文明”精神的具体落实。

第三节　人民调解在法治社会中的地位和作用

一、人民调解在法治社会中的地位

人民调解制度是在党的领导下，继承和发扬了我国民间调解的传统，经历了革命、建设和改革各个历史阶段的实践，不断发展和完善起来的一项社会主义法律制度。它自身独有的特征决定了它具有便民利民、快捷高效、不收费等优势，是化解民间纠纷、维护社会稳定的“第一道防线”，是具有中国特色的社会主义民主与法制建设的重要组成部分。

(一) 人民调解制度是社会主义法制体系的重要组成部分

人民调解制度作为一项重要的法律制度，在法律上有明确的规定。现行的《中华人民共和国宪法》第111条明文规定，居民委员会和村民委员会设立人民调解委员会，专职调解民间纠纷。这是对人民调解制度宪法地位的明确规定，充分肯定了人民调解制度在国家政治生活、社会生活中的重要地位。1989年5月国务院通过的《人民调解委员会组织条例》进一步明确了人民调解组织的地位和作用。1991年4月全国人大通过的《中华人民共和国民事诉讼法》第16条第1款对人民调解组织的性质作了确认。2002年9月最高人民法院通过的《关于审理涉及人民调解协议的民事案件的若干规定》和司法部通过的《人民调解工作若干规定》，明确了人民调解协议的性质和法律约束力，增强了人民调解工作的公信力和权威性。进一步拓展了人民调解工作的领域，规范了人民调解工作的程序，加强了司法行政机关对人民调解工作的指导。

(二) 人民调解是社会治安综合治理的重要力量

社会治安综合治理是一项社会系统工程，需要调动各种社会力量齐抓共管、群防群治才能实现社会的长治久安。而人民调解组织设置的基层性与广泛性决定了它在解决民间纠纷、加强社会治安综合治理方面具有独特的优势，成为社会治安综合治理的一支重要力量。通过人民调解，使很多民间纠纷被消灭在萌芽状态，有效地预防和减少了犯罪。我国正处于社会转型时期，社会利益格局发生了重大变化，人们在观念、利益等方面难免发生冲突。随着利益主体的多元化，民间矛盾纠纷的主体也开始由单一转向多元。民间纠纷不仅大量存在，而且经常发生。这些矛盾纠纷如果得不到及时解决，可能会酝酿和引发新的矛盾，形成冤冤相报的恶性循环。人民调解员通过对纠纷的及早发现和妥善调处，最大程度地避免了矛盾的激化升级，大大减少了犯罪现象的发生，从而实现了早期预防犯罪的效果，对于社会治安良好局面的形成起到了根本性的推动作用。

(三) 人民调解是维护社会稳定的重要力量

人民调解与法院诉讼、司法调解都是民间纠纷的解决方式。人民调解属于民间纠纷解决的社会救济机制，而司法调解属于公力救济的范畴。在民间纠纷总量一定的情况下，人民调解解决的民事纠纷越多，人民法院受理案件的数量便会越少；反之亦然。司法调解作为人民法院行使职权的具体体现，虽然比人民调解更具权威性，但是由于其浓厚的职权主义色彩和严格的程序规范性，往往不受诉讼当事人青睐。而人民调解由于其具有贴近群众、方便快捷、成本低、效率高、适用范围广等优点，其社会效果有时甚至胜过法院的判决。人民调解作为有着悠久历史传统的基层组织化解矛盾纠纷的手段，调解范围有不断扩大的趋势。改革开放以来，随着党和政府对人民调解工作的重视与支持，人民调解工作日趋规范与成熟，人民调解组织日趋普及与完善，人民调解已被越来越多的民众所认可和接受，正逐渐成为解决民间纠纷的主要方式，从而将大量的民间纠纷化解于诉讼之外。这一方面大大减轻了基层人民法院的工作压力，另一方面也有效地促进了社会的稳定。人民调解组织已经成为维护社会稳定的一支特殊的、重要的力量。

二、人民调解在法治社会中的作用

人民调解作为社会主义法律制度的一个重要组成部分，现行的《中华人民共和国宪法》、《中华人民共和国民事诉讼法》等法律、法规都对其作出了明确规定。新中国成立以来，人民调解工作得到了党和政府的高度重视，取得了长足发展。特别是党的十一届三中全会以来，伴随着改革开放的深入、社会体制的转型与公民权利意识的觉醒而产生的民间纠纷，主要由人民调解来调解处理。人民调解工作在化解民间纠纷、维护社会稳定、构建和谐社会、促进群众对政府的信任以及实现基层群众自治、推进基层民主法制建设等方面具有重要作用。

(一) 人民调解是为群众排忧解难、为政府减负分压的“减压阀”

历史实践证明，人民调解制度很好地发挥了为群众排忧解难、为政府减负分压的作用。人民调解作为诉讼外的纠纷解决机制，方便、灵活、不收费、程序简便、社会效果好，使相当数量的民事纠纷完全可以不必进入诉讼程序就得到解决，有力地提升了民间纠纷的化解率，大大减轻了地方各级人民政府和人民法院的负担，节约了行政成本和诉讼资源。人民调解员来自人民群众，也生活在人民群众中间，对于发生在身边的矛盾纠纷，可以因时因地及时解决。这样可以避免大量的纠纷进入诉讼程序，使纠纷当事人得以从烦琐的纠纷解决程序中解脱出来，从而减轻负担，集中更多的时间、精力和财力投入生产和工作。

近年来，为了更好地稳定社会秩序、节省司法资源、减轻民众负担，世界上很多国家和地区都开始重视民间纠纷的诉讼外调解，鼓励并推动民间调解组织的成立。甚至通过法律规定或法院裁定的方式，把调解设置为某些类型纠纷进入诉讼的前置程序，比如日本《家事审判法》第18条规定，对部分家庭纠纷实行调解前置。

(二) 人民调解是构建和谐社会的重要保障

民主法治、公平正义、诚信友爱、充满活力、安定有序、人与自然和谐相处，是社会主义和谐社会的基本特征。人民调解工作的终极目标是通过及时解决民间纠纷，防止民间纠纷转化为刑事案件，预防和减少纠纷的发生，这与构建社会主义和谐社会的总体要求是一致的。人民调解通过调解矛盾纠纷，指引社会成员行为的理性化，防止矛盾激化，既符合我国“和为贵”的传统观念，也有利于维护社会稳定，成为政法工作的“第一道防线”。通过调处纠纷，既维护了当事人的合法权益，也有利于建立和发展新型的人际关系。通过对人民群众进行法制宣传和教育，提高人民群众的法制观念和道德修养，使之自觉遵守社会公德，自觉履行法定义务，自觉维护社会的良好秩序，从而促进全社会的安定团结。可见，人民调解是构建和谐社会的重要保障。

（三）人民调解是联系人民群众与人民政府的重要沟通渠道

根据我国《村民委员会组织法》和《居民委员会组织法》的规定，村（居）民委员会的任务之一，就是向人民政府反映村（居）民的意见、要求并提出建议。而人民调解委员会作为村（居）民委员会的一个组成部分，凭借其广泛的人民调解组织网络，以其独特的工作方式，通过日常的人民调解工作，及时向基层人民政府反映调解工作中发现的问题，从而成为联系人民群众和人民政府的重要沟通渠道。同时，这些来自基层群众生活的各种信息反馈，是人民群众生活状态的真实反映，又为党和政府及时制定和修改法律、法规、政策等各种决策行为提供了宝贵的第一手资料。

第四节　人民调解的现状和发展前景

一、人民调解的现状

随着社会主义市场经济的深入发展，人民调解正面临新的形势。当前，我国正处在经济体制和政治体制改革的转型期，各种体制、观念和利益的冲突，引起在整体利益、根本利益一致前提下的社会纠纷的增多。这些社会矛盾纠纷如果得不到及时化解，就有可能引发群体性事件，甚至激化为刑事案件，直接影响到社会的长治久安。因此，及时化解各种社会矛盾，消除各种不安定因素，维护社会稳定，对于发展中国家来说就显得尤为重要。人民调解作为维护社会稳定的“第一道防线”，任重道远。但是，人民调解工作目前还不能完全适应形势发展的需要。据统计数字显示，人民调解在20世纪90年代中期有下滑的趋势，调解人员和调解纠纷的数量呈逐年下降趋势，而民事诉讼渐渐成为中国社会解决民事纠纷的主要途径。纠纷解决体系结构呈现出“强诉讼、弱调解”的特征。曾被誉为“东方经验”的人民调解，也因此沦为“明日黄花”。在许多人看来，作为传统民间调解的人民调解终究会被具有现代理性精神的民事审判制度所取代。

可喜的是，随着新世纪的到来，党和政府对人民调解工作给予了高度重视和大力支持，加大了对人民调解工作的投入，进一步完善了人民调解组织网络，出台了一系列的举措。这大大提高了人民调解的法律地位和实际效果，促进了人民调解工作的职业化与专业化，使人民调解机制重新焕发出往日的生机与活力。目前，全国各地人民调解工作已基本全面展开。各级司法行政机关高度重视调解人员结构优化和整体素质的提高，大力加强人民调解员组织规范化建设，基本实现了调解委员会、调解小组、调解员三级调解网络，初步形成了依托基层、多方参与、警民联调、诉调衔接的人民调解工作新格局。

但是，据调查显示，当前人民调解工作中也存在不少问题，集中体现在：①部分基层领导对人民调解工作认识不足，管理和指导力度不够，精力和经费投入不够。据调查，相当一部分地方（特别是经济欠发达地区）的调解委员会调解经费不足，办公条件和办公设施比较落后，有时外出调解还要自己掏钱解决经费不足的问题。这大大地影响了人民调解员的工作积极性。②人民调解员整体素质不高，专职调解员太少。这与目前人民调解员待遇普遍偏低、绩效考核与激励机制不健全有很大关系。③传统的调解方法已不适应新形势的发展需要，各地调解委员会调解纠纷的类型越来越复杂，工作难度越来越大，部分调解员对处理新时期矛盾纠纷有一定畏难情绪。对新形势下出现的公民与公民、公民与法人、社会组织之间的有关权利、义务的矛盾，相当一部分调解员不懂得如何介入和调处，缺乏解决棘手问题的能力。这些问题在各地区都不同程度地存在，影响了人民调解工作的社会效果，制约了人民调解工作的发展。

二、人民调解的发展前景

随着社会不断发展，各类纠纷数量不断增加，涉及的专业性问题也越发复杂，迫切需要得到及时有效的解决。诉讼机制往往存在程序烦琐、周期较长等不利因素，而当前很多民间纠纷所反映的是当事人之间复杂的利益对立与矛盾，而不是简单的此对彼错的问题，机械地通过“法律规定＋事实认定＝处理结果”的方式作出裁断并不利于妥当处理纠纷和化解矛盾。正由于诉讼机制的局限性，近年来，我国在承认和坚持司法最终解决纠纷的原则之下，大力发展诉讼外的纠纷处理机制，包括司法调解、行政调解、人民调解等。其中，人民调解以其灵活、方便、贴近群众生活等优势赢得了社会的广泛认可。

从人民调解工作的实际情况来看，专业化、规范化、社会化建设应当成为人民调解工作改革和发展的方向。所谓专业化，就是指从事人民调解工作的人员要具有法律背景，并且专门从事人民调解工作，即受过法律专业教育，或具有法律工作经历，或长期从事人民调解工作，具备丰富的调解工作经验。所谓社会化，就是指充分利用社会资源（包括社会组织、社会机构等一切社会力量）促进人民调解工作的发展。政府作为行政管理部门，不应走在调处民间纠纷的第一线，而应采取经济、行政等各种手段，积极扶持、指导人民调解工作。所谓规范化，就是指政府应当围绕人民调解工作建立和完善相关的规章制度，促使人民调解工作朝着良好、规范、有序的方向健康发展。

第二章　人民调解的组织架构

第一节　人民调解组织概述

一、人民调解组织的概念

人民调解组织是指在基层人民政府和基层人民法院的指导下，对公民之间、公民与法人或其他组织之间有关人身、财产权益和其他日常生活中发生的民间纠纷进行调解的基层群众性自治组织。

根据《中华人民共和国宪法》、《中华人民共和国民事诉讼法》及其他相关法规、文件和我国人民调解组织建设的实践，我国的人民调解组织以村民委员会人民调解委员会、居民委员会人民调解委员会为基础，形成了多种形式的人民调解组织。

长期以来，我国人民调解工作的运作，主要依赖于人民调解组织。可以说，人民调解组织一直在我国发挥着调解民间纠纷的重要作用。特别是在我国提出构建大调解格局以来，人民调解组织更是作为解决我国日益复杂的矛盾纠纷的中坚力量，充分发挥人民调解的重要作用，不断化解各种民间纠纷，最大限度地把矛盾纠纷解决在萌芽状态，以维护社会的稳定与和谐发展。

正是基于人民调解组织在人民调解工作中的重要地位，以大调解格局的构建为契机，人民调解组织的建设工作在全国各地如火如荼地开展起来。目前，全国已经普遍建立了乡镇（街道）、村（居）委会、村（居）民小组三级调解组织，并逐步探索多种形式的人民调解组织。一些地区初步形成了纵向与横向有机联系的多级人民调解网络。

二、人民调解组织的特征

关于人民调解组织的特征，我国的法律、法规及规范性文件已有明确规定。其中，《中华人民共和国宪法》规定："城市和农村按居民居住地区设立的居民委员会或者村民委员会是基层群众性自治组织。""居民委员会、村民委员会下设人民调解、治安保卫、公共卫生等委员会，办理本居住地区的公共事务和公益事业，调解民间纠纷、协助维护治安，并且向人民政府反映群众的意见、要求和提出建议。”《中华人民共和国民事诉讼法》第16条规定：“人民调解委员会是在基层人民政府和基层人民法院指导下，调解民间纠纷的群众性组织。”《人民调解委员会组织条例》亦规定：“人民调解委员会是村民委员会和居民委员会下设立的调解民间纠纷的群众性组织。”《人民调解工作若干规定》第2条则规定：“人民调解委员会是调解民间纠纷的群众性组织。”据此，人民调解组织具有群众性和自治性两个特征。

（一）群众性

群众性是人民调解组织的首要特征。人民调解组织的群众性特征表现在：

1. 人民调解组织是针对群众的纠纷而设立的

人民调解组织的存在主要是针对群众的民间纠纷，它是专门为化解基层矛盾而设立的。它的存在基础在于群众性矛盾、纠纷的客观存在，没有群众性的矛盾、纠纷，也就不存在调解群众性矛盾、纠纷的人民调解组织。

2. 人民调解组织设在基层、遍布全国

从人民调解组织设立的法律规定和实际设立情况来看，最高一级的人民调解组织是乡（镇）人民调解委员会，是在最接近群众的基层设立的人民调解组织。可见，我国形成的调解网络是围绕在群众周围而设立的，与人民群众有着天然的联系。而且，在全国各个基层行政区域，应当说都设立了人民调解组织，人民调解组织已遍及全国。这都说明了人民调解组织的群众性特征。

3. 人民调解组织的成员来自群众

从人民调解委员会的人员组成情况来看，他们或者是由人民群众直接选举产生的，或者是通过聘任产生的。但不管是直接选举还是聘任，所产生的人民调解员都是来自基层的人民群众。特别是，作为健全的人民调解组织网络，还应从群众中聘请纠纷信息员或调解联络员。他们均来自基层人民群众的各个层面，和人民群众有着密切的联系，这使人民调解组织具有更广泛的群众性。

（二）自治性

自治性是人民调解组织的本质特征。人民调解组织以调解为主要职责，不同于诉讼、仲裁或其他调解，它不受权力、其他组织或个人的干涉，最初表现为自我组织。就目前而言，这种自治性表现为组织、工作方法、调解协议等方面的自我教育、自我管理、自我服务、自我约束。

1. 组织的自治性

作为国家根本大法的《中华人民共和国宪法》第11条明确规定，居民委员会、村民委员会是基层群众性自治组织；居民委员会、村民委员会下设人民调解等委员会。既然居民委员会、村民委员会是基层群众性自治组织，那么作为其组成部分的居民委员会人民调解委员会、村民委员会人民调解委员会当然也是基层群众性自治组织。

尽管《人民调解工作若干规定》对人民调解组织的规定扩大了《中华人民共和国宪法》规定的人民调解组织只是居民委员会、村民委员会下设的人民调解委员会这一基本范畴，增加了乡镇、街道人民调解委员会等组织形式，但它并没有改变基层群众性自治组织这一特征。

从人民调解组织的法律规定和现实情况来看，这些组织既不是国家司法机关，也不是国家行政机关。因此，他们没有司法权或行政权，仅仅是以自治组织的身份参与社会事务管理。

2. 工作方法的自治性

正是因为组织上的自治性所体现的司法权和行政权在人民调解组织上的缺失，人民调解组织在对纠纷进行调解时也就不能像司法机关和行政机关那样通过强制权力来解决，而只能通过纠纷当事人对人民调解组织的信任，采用教育、说服、劝解、疏导的方法来调解民间纠纷。这说明了人民调解一般不能依赖外在强制力，而只能靠自我的智慧和力量来进行，这充分表明了工作方法的自治性。

3. 调解协议的自治性

人民调解组织的自治性特征还表现在调解协议上。组织上和工作方法上的自治性，决定了调解协议的达成取决于纠纷当事人的自我意志。调解协议只能是在纠纷当事人的自我意志的支配下达成才能有效。人民调解组织只是通过调解促使纠纷当事人达成协议，而不能加以干涉。

由于调解协议是在纠纷当事人的自我意志的支配下达成的，因此，协议的履行也必须体现自愿原则。如果纠纷当事人不愿履行协议，则意味着调解的失败。任何组织都不能强制当事人履行调解协议。

调解协议的达成和履行都是自我行为的表现，是自我意志活动的结果，充分体现了人民调解组织的自治性特征。

第二节　人民调解委员会

一、人民调解委员会的概念和法律地位

对于如何界定人民调解委员会的概念和法律地位，我国相关的法律已作了明确规定。作为我国根本大法的《中华人民共和国宪法》第 111 条规定："居民委员会、村民委员会下设人民调解委员会……调解民间纠纷……"此外，《中华人民共和国民事诉讼法》第 16 条规定："人民调解委员会是在基层人民政府和基层人民法院指导下，调解民间纠纷的群众性组织。"1989 年国务院

颁布实施的《人民调解委员会组织条例》第2条规定："人民调解委员会是村民委员会和居民委员会下设的调解民间纠纷的群众性组织。"2002年9月11日司法部部长办公会议通过的《人民调解工作若干规定》第2条第1款规定："人民调解委员会是调解民间纠纷的群众性组织。"

结合上述法律规定以及我国人民调解委员会设立的实际情况来看，人民调解委员会是在基层人民政府和基层人民法院指导下，以调解民间纠纷为主要职责的基层群众性自治组织。这既是对人民调解委员会概念的高度概括，也是对人民调解委员会法律地位的阐释。它表明，人民调解委员会只是作为调解民间纠纷的基层群众性自治组织而存在，不是一级国家机关。

二、人民调解委员会的设立

（一）人民调解委员会的设立原则

1. 合法原则

合法原则是指人民调解委员会的设立总体上要在我国现行法律的框架下进行的原则。

首先，国家法律对人民调解委员会的设立有明确规定的，人民调解委员会要符合国家法律、法规的规定。目前，对人民调解委员会的设立作出明确规定的法律、法规主要有《中华人民共和国宪法》、《中华人民共和国民事诉讼法》、《人民调解委员会组织条例》、《人民调解工作若干规定》。在设立人民调解委员会的时候，应遵循上述法律、法规的规定。

其次，国家法律、法规对人民调解委员会的设立没有明确规定的，应允许根据我国形势的发展需要和地方的实际情况来设立。在目前努力构建"大调解格局"的形势下，调解实践中存在着形式多样的做法。由于我国法律、法规对人民调解制度包括人民调解委员会设立等的规定是宏观上的，缺乏实质性的指导和具体的操作依据。因此，为适应我国形势发展的需要，实践中人民调解的工作总体上是"摸着石头过河"，于是，某些突破法律规定的做法暂时还是允许的。

2. 便于调解原则

便于调解原则是指人民调解委员会的设立应从方便人民调解委员会进行调解和方便人民群众解决纠纷两个方面来考虑的原则。

首先，人民调解委员会的设立应方便人民调解委员会进行调解。人民调解委员会在哪里设立、怎样设立，始终应考虑方便对民间纠纷进行调解。这样才能保证人民调解委员会设立的实际效果。否则，设立的人民调解委员会只能是个摆设，造成无纠纷可调的状况，从而浪费人力、物力、财力。目前，实践中一些地方在乡村、街道、社区、人民法庭、派出所、企业等地设立的人民调解室、人民调解委员会都是这一原则的体现。

其次，人民调解委员会的设立应方便人民群众。人民调解委员会的设立，要保证在人民群众之间出现纠纷时，当事人能知道去哪里找且能及时地、快速地找到人民调解组织以寻求调解。这样，人民调解委员会才能更有效地发挥作用，使纠纷得到及时解决。

遵循便于调解的原则，本质上强调的是不管人民调解委员会如何设立，都要首先把维护人民的根本利益放在首位，保证人民调解委员会的设立始终体现调解为民——为民着想、为民服务、为民谋利的思想。

（二）人民调解委员会的设立形式

《中华人民共和国宪法》第111条规定，居民委员会、村民委员会下设人民调解委员会。《人民调解委员会组织条例》第15条规定，企业、事业单位根据需要设立的人民调解委员会参照本条例执行。而《人民调解工作若干规定》第10条第1款则规定，人民调解委员会的设立形式主要包括农村村民委员会、城市（社区）居民委员会设立的人民调解委员会；乡镇、街道设立的人民调解委员会；企业、事业单位根据需要设立的人民调解委员会；根据需要设立的区域性、行业性的人民调解委员会。可见，人民调解委员会基本表现为以下几种形式：

1. 农村村民委员会、城市（社区）居民委员会设立的人民调解委员会

农村村民人民调解委员会和城市（社区）居民人民调解委员会是人民调解组织的基本形式。我国大量的人民调解委员会都是在农村和城市居民小区（社区）设立的。这些调委会贴近群众，具有广泛的群众基础，在调解工作中一直发挥着重要的作用。

目前，为适应构建大调解格局、促进社会和谐的需要，对农村村民人民调解委员会和城市（社区）居民人民调解委员会的构建，要具体做到：一要保证每个农村村民委员会、城市（社区）居民委员会都设立人民调解委员会，杜绝人民调解组织的空白点。二要规范农村村民人民调解委员会和城市（社区）居民人民调解委员会，使农村村民人民调解委员会和城市（社区）居民人民调解委员会实现“四落实”（组织、制度、工作、报酬落实）、“五有”（有标识牌、印章、场所、调解登记簿、统计台账）、“六统一”（统一街牌、印章、调解庭徽标、调解员徽章、调解工作程序、调解文书格式）。

此外，农村村民委员会还应适应村民小组的现实状况，城市（社区）居民委员会应根据其设立的居民小组的实际情况，分别在村民小组和居民小组设立调解小组（调解信息员），以便及时了解村（居）民之间的纠纷动向，并对轻微

的纠纷进行及时处理。对分歧较大的纠纷，在采取积极的预防激化措施的同时，及时向农村村民人民调解委员会和城市（社区）居民人民调解委员会报告。

2. 乡镇、街道设立的人民调解委员会

乡镇、街道人民调解委员会是适应我国矛盾纠纷的主体和内容日益复杂化、多样化，跨地区、跨单位的民间纠纷日益突出的社会现实，由《人民调解工作若干规定》规定的一种级别较高的人民调解组织。它主要调解农村村民人民调解委员会和城市（社区）居民人民调解委员会以及企事业单位人民调解委员会调解不了的民间纠纷和跨地区［如两个村、居（社区）以上］、跨单位的民间纠纷。

3. 企业、事业单位根据需要设立的人民调解委员会

这是在企业、事业单位内部设立的人民调解委员会。近年来，随着我国企业、事业单位制度改革的深化以及一些地区企业、事业单位规模的不断壮大，企业、事业单位内部不稳定的因素也日趋增多。因此，根据企业、事业单位的规模大小、职工多少等不同情况，在企业、事业单位内部设立人民调解委员会，及时地化解在企业、事业单位内部以及与企业、事业单位相关联的民间纠纷，防止纠纷激化、维护社会稳定是非常必要的。

司法部的有关文件也充分体现了在国有大中型企业、当地骨干企业、合资企业、民营企业、机关、学校、医院、科研单位等部门设立人民调解委员会的内在要求。

实践中，一些规模较大的企业或联合企业，还在分厂或车间设立了人民调解委员会分会。一般的企业则在其所属的车间设立了调解小组、班组设人民调解员，从而健全了人民调解委员会网络结构。

4. 根据需要设立的区域性、行业性的人民调解委员会

区域性人民调解委员会是指在特定的行政区域和特定的生产、生活地区等建立的人民调解组织。目前，已建立的区域性调解组织形式主要有行政接边地区、厂街接边地区建立的联合人民调解委员会，集贸市场、经济开发区、商品集散地、工程工地、流动人口聚居区建立的人民调解委员会等。

行业性人民调解委员会是指行业、社会团体组织建立的人民调解委员会，如房地产行业人民调解委员会、物业人民调解委员会、消费行业人民调解委员会、环境部门人民调解委员会。自 1995 年上海市浦东新区个体劳动者协会、私营企业协会成立全国第一家行业性人民调解委员会至今，行业性人民调解委员会的建设已经取得了很大的成就。随着人民调解组织建设的不断完善，行业性人民调解委员会将会占有越来越重要的地位。目前，更多的地区已把行业性人民调解委员会的设立列入规划之中。

实践证明，区域性、行业性人民调解委员会能有效地调处区域内、行业内的民间纠纷，是人民调解组织的较好形式。

此外，人民调解委员会还表现为在城乡结合部和毗邻的县、乡、街、厂等地设立的由不同部门组成的联合调解委员会或由两个以上的人民调解委员会组成的联合调解委员会。

（三）多种形式的人民调解组织的建设

尽管《人民调解工作若干规定》明确了村（居）委人民调解委员会、乡镇（街道）人民调解委员会、企事业单位人民调解委员会、区域性或行业性人民调解委员会是人民调解委员会的基本形式，但在构建和谐社会和大调解格局的背景下，在“维稳”的要求下，为更好地发挥人民调解的功能、大力推进人民调解工作，人民调解组织并不囿于上述基本形式。因此，实践中，根据当前人民调解工作的特点和要求，各地积极采取各种措施，加强调解组织建设，在一些地区形成了健全的调解网络。仅在广东省的一些地区，就有很多值得借鉴的具体经验和做法。

1. 深圳经验

深圳市立足于有矛盾纠纷就有人民调解组织这一规划，完善了以司法所为枢纽，以街道调委会、社区调委会、调解小组、调解信息员为主线的四级调解网络。并创新人民调解工作机制，有效构建强势的人民调解工作格局，即基于近年来群体性、跨地域、跨部门、跨行业的复杂性矛盾纠纷日益增多的特点，改变了人民调解工作仅依靠群众性自发组织和司法行政机关单一部门指导的传统做法，积极倡导并大力推进“党政领导、司法主办、部门协作、社会参与”的人民调解工作新格局建设，并初见成效。其表现为：在全市6个区均成立了人民调解指导委员会，各街道均成立了人民调解委员会（街道调解中心）。全市55个街道司法所已成为指导第一线人民调解工作最坚实的力量，人民法院在人民调解工作中的指导作用得到加强，民政、劳动、工商、信访、综治、公安以及共青团、工会、妇联等部门和社会团体，以及广大的群众、公司、企业、律师、公证员等社会力量都积极参与和支持人民调解工作。

此外，一些调解组织在实践中形成了自己的特色：龙岗区横岗街道六约社区在村党总支、村委的高度重视和支持下，设立专门调解工作室，完善了村调委会、调解小组、调解员三级调解网络，由集体股份公司出资聘请专职调解员，发挥了维护社会稳定的重要功能。西乡街道在市、区司法局的指导下，针对辖区公安派出所接警案件中包含的大量民事纠纷占用大量警力的情况，开展了人民调解与行政调解的衔接工作。在此基础上，成立西乡街道人民调解委员会社会矛盾排查调解中心，作为街道人民调解委员会的具体工作机构，下设39

个工作室。形成与公安派出所、劳动管理办、信访办、法庭等多个部门的联调，构建了“党政主导、部门联动、调防并重、专兼结合”的人民调解工作新模式。桃源街道司法所则以创建社区法律工作站为龙头，联合社区工作站和社区警务室开展调解工作，并探讨出一套三部门联动的应急处理措施。特别是街道司法所与信访办合署办公，独具一格。在建立社区法律工作站的基础上，桃源司法所又着力构筑覆盖整个街道、涉及各个行业、深入每个单位的调解工作大网络，将“维稳”工作延伸到比司法所更为前沿的防线，先后在社区、企业、自然村、集贸市场等处成立了各类人民调解组织102个。而东晓街道则形成了街道调委会（街道调解中心领导小组）、社区调委会、住宅区调解工作小组三级调解网络：住宅区调解工作小组负责调解小区内居民一般的日常民事纠纷；社区调委会负责调解社区内较为复杂的民事纠纷；街道调委会负责协调、调解辖区内各调解组织呈报的重特大民事纠纷。此外，还设立了警民联调工作小组、农批公司行业调委会（下设调解小组），并吸纳住宅区物业管理公司等社区有关单位、个人参加到人民调解工作中来。

2. 珠海经验

珠海在巩固村（居）委人民调解委员会、健全镇（街道）人民调解委员会的基础上，积极稳妥地在工业园区、个体劳动者协会、私营企业协会、民营企业商会、大型集贸市场、重大项目施工场所和外来人口聚居地以及大中型企事业单位建立人民调解委员会，负责本行业、本区域、本部门、本单位矛盾纠纷的排查调处，探索建立多形式、多层次的人民调解组织。

截至2007年8月，珠海已在全市23个镇、街道全部建立了人民调解委员会，调解组织的建设工作也已延伸到了企业、学校等其他领域，共建有各级各类人民调解组织331个，基本形成了遍布城乡的镇（街）、村（居）调解委员会、村（居）民调解小组三级调解网络。作为特色，各镇（街道）人民调解委员会在公安派出所建立调解室，将人民调解工作引入公安派出所，建立人民调解快速介入的工作机制。

为切实加强社会矛盾纠纷调解工作体系建设的组织领导，珠海市将成立由各级党委牵头、由相关各部门组成的市、区、镇（街道）三级社会矛盾纠纷调解工作委员会，以健全调解工作组织体系。

3. 东莞经验

东莞始终把调解组织建设作为人民调解的首要环节，尤其是将村（居）、社区调委会的组织建设作为工作的重中之重。

通过狠抓调解组织建设，东莞全市已经初步形成一个上下贯通、纵横交织、层次分明、形式多样、协调一致，以镇（街）调委会为主导，村（居）、社区调委会为基础，企业调委会和调解联络员为触角的调解网络。东莞特别注重企业在构筑东莞和谐稳定过程中的重要作用，在全市500人以上的企业中均成立了调解组织，500人以下的企业中成立了调解小组，小企业也要设调解联络员。

特别是东莞市司法局按照“党政领导、综治牵头、司法为主、多方参与、综合调处”的要求，在完善镇（街）、村（居）、村民小组（或企业）的三级调解组织的基础上，积极构建“大调解”网络，并探索出了律师工作与调解工作相结合的新路子。

目前，东莞市正在加大企业调解组织工作力度，加快在民营、外资企业建立企业调解组织的步伐。同时，建立对应经济纠纷、消费纠纷、房地产与建筑纠纷、环境纠纷的专业性调解组织也列入了东莞调解组织建设的规划之中。

4. 台山经验

台山市专门成立了以局长为组长的台山市司法局矛盾纠纷集中排查调处活动领导小组，各镇成立了镇委书记任组长，以各部门单位、各村（居）调解主任及司法所人员为成员的镇社会矛盾纠纷排查调处领导小组。

为实现把矛盾纠纷解决在基层、消灭在萌芽状态的目标，确立了“依靠领导、建立网络、上下联动、多方配合、整体推进”的工作机制。以“巩固村级基础、发挥司法职能、强化镇级领导、构筑大民调格局”为工作思路，构建了三级调解网络。第一级是村民小组调解小组和调解信息员，主要职责是掌握情况、控制苗头、及时报告、介入调解；第二级是村级调委会，主要职责是调解婚姻、邻里等一般性矛盾纠纷；第三级是镇人民调解委员会，主要职责是调解那些村调委会调处不了、局面控制不了的纠纷及跨地区、跨部门等重大、复杂的纠纷。

目前，全市建立了各级各类人民调解委员会333个，包括村级人民调解委员会313个，镇级人民调解委员会20个。基本形成了多形式、多方位、布局合理、结构完整的调解组织网络体系。

此外，中山市的调解组织也已形成规模。其中律师介入村级人民调解委员会成为中山市调解组织建设的特色。

三、人民调解委员会的组成

《人民调解工作若干规定》第11条、第12条、第13条对人民调解委员会的组成作了原则性的规定，即人民调解委员会由委员三人以上组成，设主任一人，必要时可以设副主任。多民族聚居地区的人民调解委员会中，应当有人数较少的民族的成员。人民调解委员会中应当有妇女委员。村民委员会、居民委员会和企事业单位的人民调解委员会根据需要，可以自然村、小区（楼院）、车间等为单位，设立调解小组，聘任调解员。乡镇、街道人民调解委员会委员由下列人员担任：本乡镇、街道辖区内设立的村民委员会、居民委员会、企事业单位的人民调解委员会主任；本乡镇、街道的司法助理员；在本乡镇、街道辖区内居住的懂法律、有专长、热心人民调解工作的社会志愿人员。

上述规定表明，人民调解委员会的组成在人数上只有下限的要求，没有上限的要求。不同形式的调委会可以根据需要决定人员的组成。另外，不同的调委会其组成人员的来源也是不同的。具体而言包括以下两种：

（一）村人民调解委员会、城市（社区）居民人民调解委员会、企事业单位人民调解委员会的组成

村人民调解委员会、城市（社区）居民人民调解委员会、企事业单位人民调解委员会都属于最基层的人民调解委员会。由于村、居（社区）、企事业单位涉及区域范围很小，所在区域调委会的组成人员也不宜太多。一般情况下，其成员分别由村（居）民大会或者代表大会、职工代表大会或者职工大会选举产生。实践中，农村村民人民调解委员会、城市（社区）居民人民调解委员会、企事业单位人民调解委员会的组成人员大多由村委会、居（社区）委会、企事业单位内部人员兼任，一些地方也通过招聘产生。调委会主任、副主任基本在当选的委员中产生。

为了更好地开展调解工作，有条件的村委会、居（社区）委会、企事业单位都会根据需要，在自然村、小区（楼院）、车间设立调解小组或调解联络员，其成员通过直接选举产生。

（二）乡镇、街道人民调解委员会的组成

乡镇、街道人民调解委员会作为人民调解组织的新形式，《人民调解工作若干规定》对其组成规定得相对具体。相对农村村民人民调解委员会、城市（社区）居民人民调解委员会、企事业单位人民调解委员会的组成，其人数一般较多。它包括了基层调委会主任，以便于有效地解决发生在基层的纠纷。此外还包括了司法助理员、社会志愿者，便于组织调解和保证调解员的素质。

乡镇、街道人民调解委员会主任一般由司法所所长、司法助理员担任。其他成员则通过任命、选举、聘任产生。

此外，区域性、行业性人民调解委员会委员一般根据委员应具有广泛代表性的原则由管理部门协商确定，主要表现为主任、委员通过设立组织任命或聘任产生。联合调解委员会的主任、委员则在各单位已有的人民调解委员会中选拔产生。

四、人民调解委员会的任务

1989年国务院发布的《人民调解委员会组织条例》第5条规定，人民调解委员会的任务为：调解民间纠纷，并通过调解工作宣传法律、法规、规章和政策，教育公民遵纪守法、尊重社会公德。人民调解委员会应当向村民委员会或者居民委员会反映民间纠纷和调解工作的情况。随着人民调解实践工作的逐步展开，广大人民调解组织广泛开展了预防民间纠纷和防止纠纷激化的大量工作，至今取得了显著的效果，从而在调解工作中也形成了“调防结合，以防为主”的工作方针。2002年司法部发布的《人民调解工作若干规定》第3条除了重申《人民调解委员会组织条例》规定的任务外，更明确增加了防止民间纠纷激化和预防民间纠纷发生的任务。这样，根据相关法律的规定，人民调解委员会的任务主要是：

（一）调解民间纠纷，防止民间纠纷激化

1. 调解民间纠纷

这是人民调解委员会的首要任务。人民调解委员会作为民间纠纷的调解组织，就是以调解民间纠纷为己任的，可以说它的存在就是专门为了调解民间纠纷的。

民间纠纷不同于法律上所说的“民事纠纷”，也不等同于“人民内部矛盾”或“社会矛盾”，它在民间具有广泛性、普遍性、多样性、多发性等特点，在社会转型的今天，更具有复杂性、尖锐性的特点。

通过人民调解的方式解决民间纠纷，能及时地化解矛盾、消除矛盾，从而维护社会的稳定。因此，赋予人民调解委员会调解民间纠纷这一任务，不但是设立人民调解委员会的直接依据，更是平息纠纷、减少纠纷、维护社会稳定的需要。

2. 防止民间纠纷激化

人民调解委员会不但要对存在的纠纷进行调解，更要防止民间纠纷的激化，做到“调防结合，以防为主”。通过采取有效措施进行预防，避免使简单的民间纠纷激化为自杀、刑事案件、群体性事件、复杂性事件等严重的纠纷。

要防止民间纠纷的激化，人民调解组织必须尽早介入纠纷，抓小、抓苗头，积极掌握民间纠纷发生、发展和变化的规律。采取行之有效的方法，对当事人进行耐心细致的说服教育，尽量把矛盾纠纷化解在激化之前，甚至通过联防、联调等多种形式防止民间纠纷的激化，增强工作的效果。

（二）通过调解工作宣传法律、法规、规章和政策，教育公民遵纪守法，尊重社会公德，预防民间纠纷发生

人民调解委员会除了调解民间纠纷外，还要进行法制宣传。法制宣传同样

是人民调解委员会的一项重要任务。通过法制宣传这一手段，教育公民遵纪守法、尊重社会公德，以达到预防民间纠纷发生的目的。

进行法制宣传的方式多种多样。大致表现为：①在调解民间纠纷的过程中进行法制宣传。可以说，调解民间纠纷的过程本身就是法制宣传的过程，因为调解民间纠纷要依据法律、法规、规章、政策和社会主义道德。通过对纠纷当事人进行法律、法规、规章、政策和社会主义道德宣传，让纠纷当事人理解法律的规定和道德的要求及违反的后果，从而实现调解的目的，并促使当事人今后更加自觉地依法办事，减少纠纷。同时，通过对纠纷的处理，也可以让其他人知道如果遇到相同的事该如何依法解决。这样，在调解过程中就达到了法制宣传的效果。通过民间纠纷的调解进行法制宣传，可以起到调解一件、教育一片的作用，或者根据民间纠纷的规律性，有针对性地宣传法律、法规、规章和政策。②单独地进行法制宣传，即直接通过学习、娱乐、咨询、标语等形式进行法制宣传。这可以表现为常规的法制宣传，也可以表现为根据当前的形势和政策，结合出台的法律、法规，进行专门性地法制宣传，实现法律对人们行为的指引作用。

通过法制宣传，可以提高人们的法律意识，增强人们的守法观念，促使人们严格依法办事，从而避免某些纠纷的产生。

（三）向村民委员会、居民委员会、所在单位和基层人民政府反映民间纠纷和调解工作的情况

人民调解委员会通过向村民委员会、居民委员会、所在单位和基层人民政府反映民间纠纷和调解工作的情况，可以使党和政府及时了解民间纠纷发生的现状，以便分析原因，采取积极有效的措施和政策，减少和预防民间纠纷的发生。同时，可以使党和政府及时了解人民群众对国家法律和党的各项方针、政策的态度，以便对有缺陷的法律进行及时地修正和完善，对有偏失的政策进行及时地调整。

值得一提的是，上述法律规定的人民调解委员会的任务只是作为人民调解委员会的基本任务。除此之外，实践中不同的人民调解委员会还会根据本地或本单位的实际情况规定一些具体的任务。如企事业单位人民调解委员会的任务可以具体规定为：调解职工、家属之间有关人身、财产和其他日常生活中发生的纠纷；除了宣传法律、法规外，还着重宣传厂规、厂纪，教育职工和家属遵纪守法，遵守劳动纪律；协助调解本单位职工之间在生产、经营过程中发生的矛盾纠纷；指导下属调解组织和调解员的调解工作。而作为跨地区、跨单位的人民调解委员会的任务又有所不同，根据司法部有关文件精神，主要表现为：受理调解纠纷；进行纠纷调解；向有关人民调解委员会提出共同调解意见；做

好回访工作；负责统计和档案材料保管等。

五、人民调解委员会的工作制度和工作方针

（一）人民调解委员会的工作制度

人民调解委员会的工作制度是人民调解员在调解民间纠纷过程中共同遵守的办事规程或行动准则。健全的工作制度是做好人民调解工作的有效保证，也是提高调解人员素质的一个重要前提。为此，《人民调解委员会组织条例》对人民调解委员会的制度建设作了原则性的规定，而《人民调解工作若干规定》第19条则根据人民调解工作的发展和实践，对人民调解委员会的工作制度作了明确、具体的规定，即人民调解委员会应当建立健全岗位责任制、例会、学习、考评、业务登记、统计和档案管理等各项规章制度，不断加强组织、队伍和业务建设。这些制度是人民调解委员会应当建立、健全的基本制度。除此之外，人民调解委员会还可以根据人民调解工作的实际需要，建立其他的组织和工作制度。结合法律、法规的规定，以及实践中的一些具体做法，人民调解委员会的工作制度主要有：

1. 岗位责任制度

岗位责任制度是指明确调解人员的责任，确定具体任务并将调解人员的权、责、利紧密结合的一项制度。这是人民调解委员会各项工作制度中的核心制度。只有责任明确，调解人员在调解过程中才不会敷衍了事，才会尽心调解。

岗位责任制度的内容很多，形式也多种多样。其中最基本、最主要的内容是"三定一奖惩"，即定人员、定任务、定指标、完成任务奖励、完不成任务的减发一定比例的报酬或者奖金。广东一些地方则根据调解的成功率实行奖励，即调解成功的，可以奖励数额不等的金钱，从而调动调解人员调解的积极性。从实施情况来看，效果显著。

2. 纠纷登记制度

纠纷登记制度可以从广义和狭义两个方面来理解。广义的纠纷登记制度是指人民调解委员会对于纠纷从受理到调解结果的整个过程都进行登记的制度；而狭义的纠纷登记制度则是指人民调解委员会只对当事人的口头申请或书面申请进行登记的制度。

从广义的角度理解实行纠纷登记制度，有利于从调解的全局认识调解制度。具体表现为：一是作为人民调解委员会调解纠纷绩效的书面证明，让人们了解纠纷的调解情况；二是登记材料成为纠纷当事人进行自愿调解的证明和履行调解协议的依据；三是有利于人民调解委员会总结经验，改进工作；四是便

于基层人民政府和基层人民法院加强对人民调解工作的指导和监督；五是便于统计纠纷，全面掌握纠纷的发生、发展和其他各种情况，便于总结经验和规律，并据此制定政策；六是当事人向人民法院起诉后，人民法院可以据此迅速查明案情，对案件作出正确的处理。可见，广义的纠纷登记制度的贯彻执行，有利于调解工作的顺利进行。

从纠纷登记制度的具体内容来看，一般包括以下几个方面：①当事人基本情况，包括纠纷当事人的姓名、性别、年龄、工作单位、家庭地址等。②纠纷发生的情况，包括纠纷发生的时间、地点、原因、后果、纠纷当事人争执的焦点和要求。③纠纷的调解过程，包括纠纷调解的时间、地点、方式、次数、介入调解的人员的姓名、如何进行的调解、收集了哪些证据、调解人员对纠纷的处理意见。④调解结果，包括调解成功和不成功。调解成功的，记录纠纷当事人达成的调解协议的内容；不成功的，记明不成功的原因。⑤有关案件移交的记录，对不属于人民调解委员会调解的纠纷或者调解不成功的纠纷，应注明移交的有关情况，即移交给了哪个部门、承办人是谁，都要做好记录。

3. 共同调解制度

共同调解制度是指对民间纠纷由两个或两个以上的人民调解委员会共同调解的制度。由于民间纠纷日益复杂，有些纠纷超出了某一个人民调解委员会的管辖范围，这就需要由两个或两个以上的人民调解委员会共同调解，只有这样，才能及时有效地解决纠纷。

两个或两个以上的人民调解委员基于在共同调解中的地位不同，一般分为主持调解方和协助调解方。主持调解方在调解过程中负责主要的调解工作，一般是最先受理纠纷的一方，也可以由共同调解的各人民调解委员会协商确定。其主要职责是：受理纠纷；采取相应措施，防止纠纷激化；开展调查研究，收集有关材料，制订共同调解的方案；通知有关调解委员会进行调解；主持调解，制作调解文书；督促当事人履行调解协议；做好回访工作；负责统计和档案管理。协助调解方的职责主要是：协助进行调查，收集有关资料；采取相关措施，防止纠纷激化；配合主持调解方对纠纷进行调解；促使当事人达成调解协议；督促当事人履行调解协议。

4. 纠纷讨论制度

纠纷讨论制度是指人民调解委员会对纠纷的调解进行集体研究的制度。由于当代社会的纠纷较传统的婚姻、家庭、邻里纠纷越来越重大、复杂、涉及面广，单靠某一个调解员的力量是不够的。稍有处理不当，很可能引起矛盾激化，既影响社会稳定，又会降低人民调解组织的威信。通过集体讨论，充分发挥集体的智慧和力量，可以弥补调解员个人力量的不足和个人认识的片面性，减少调解工作中的失误。同时，还可以体现出人民调解委员会对当事人纠纷的重视以及心系人民群众利益、高度负责的精神。

对纠纷进行讨论，一般应在调委会主任或副主任的主持下，由调委会的全体成员或至少是参加调解的调解员参加。在必要时，也可以邀请专家、有关方面的代表参加。在讨论时，可参考法院合议庭的议案制度，按照民主集中制的原则进行讨论，采取少数服从多数的原则作出处理决定。如果参加讨论的人员对纠纷的分歧非常大，或者不能准确把握有关的法律、政策，可向上级部门或人民法院请求业务指导。

5. 回访制度

回访制度是指人民调解委员会对已经调结的纠纷进行走访的工作制度。纠纷调解终结后，并不意味着可以将该纠纷进行搁置。人民调解委员会作为维护社会稳定的主要力量，更应关注调解终结后当事人的具体情况。特别是那些纠纷复杂的或者可能出现反复的纠纷，人民调解委员会更不能放松，要通过追踪调查，及时了解情况，防止纠纷的重新发生。这时，回访制度就显得尤为重要。

通过回访，一方面了解和掌握调解工作的实际效果，巩固调解的成果，发现调解的不足，改进调解工作；另一方面，帮助、督促当事人履行调解协议，排除纠纷重新发生的隐患。

回访的内容主要包括：了解协议的执行情况，看是否存在影响协议履行的不利因素；了解当事人的思想状况，看是否存在抵制情绪，是否存在新的纠纷苗头；了解当事人对调解人员的意见和建议。通过回访，综合掌握协议履行的具体情况，分析纠纷的动向和当事人的思想状况。一旦发现有复发或激化苗头的，应立即采取措施，预防、化解纠纷。

回访时，既可以向当事人了解情况，也可以对当事人所在单位或居住地的组织和群众进行走访，以便全面掌握情况。

6. 纠纷排查制度

纠纷排查制度是人民调解组织定期对辖区内的矛盾纠纷进行摸底、登记，进行分类处理的一项工作制度。通过纠纷排查，人民调解组织可以全面掌握矛盾纠纷信息，从而有的放矢地开展调解工作。纠纷排查，也表明人民调解组织作为人民政府从事基层工作的有力助手，要经常向党委、政府反映社情民情，并参与社会综合治理这一工作。

纠纷排查有两种方式：一是参加司法行政机关组织的排查；一是人民调解委员会根据纠纷的具体情况自行组织的排查。

人民调解委员会进行纠纷排查应做好以下几方面的工作：①明确排查的目

的、意义。②掌握排查的时间、范围、方法。③逐门、逐户、逐人进行摸底排查，掌握纠纷的重点户、重点人。④填写排查工作统计表。⑤对应当由人民调解委员会调解的纠纷，落实调解人员，及时化解；不属于调解范围或调解不了的纠纷，及时上报有关部门；对排查中发现的犯罪线索，立即移交公安机关。

7. 统计制度

统计制度是对反映调解工作的信息和有关数据进行搜集、整理、计算和分析等工作的一项基本的调解制度。通过统计，可以检查人民调解工作的计划落实情况、任务完成情况，掌握人民调解工作的现状、特点、发展规律，发现调解工作中的问题，从而为合理规划下一阶段的调解工作提供依据。可见，统计制度对于人民调解工作具有重要的意义。

人民调解统计制度的贯彻，一般应做到以下几个方面：①确定统计人员，建立统计簿册。要做好统计工作，应当由专人负责。只有这样才能避免统计过程中出现遗漏。为了科学、高效地进行统计，还应设立各种工作簿册。②设立统计表。统计表一般包括两种：人民调解委员会组织建设统计表和人民调解委员会工作统计表。各地可以根据本地的具体情况在统计表中设定相应的统计项目。③统一统计标准。司法部下发的统计表中同时附有统计说明，各地人民调解委员会应按司法部的要求统一执行，避免漏报、重复上报现象的发生，确保统计数字的真实性和准确性。④及时汇总上报。人民调解委员会应于每月月底将所登记的调解的民间纠纷按统计项目填表汇总，核对无误后上报司法所（司法助理员）。人民调解委员会工作统计表每季度、组织建设统计表每半年由司法所（司法助理员）上报县区司法局。⑤建立统计档案，设立统计台账。调解委员会各种登记簿册和统计表按时间、年限分类装订成册，建立统计档案和统计台账，保管备查。

8. 文书档案管理制度

文书档案管理制度也是人民调解委员会的一项基本工作制度，主要内容包括：设立保管人员，规定必要的调阅、保密管理办法；做好文书的审查、装订工作。调解文书包括纠纷登记的原始记录、调查笔录、调解笔录、调解协议书，以及调解委员会对未调解成功的纠纷的处理意见及各种证明材料等。调解文书档案要求一事一卷，装订成册。一般保管期限为 3 年。

9. 矛盾纠纷信息的传递与反馈制度

矛盾纠纷信息的传递与反馈制度是指通过各种渠道将民间纠纷的征兆或消息传送到人民调解组织那里，人民调解组织对纠纷信息进行分析研究、加工处理后，将具体的调解意见传回到纠纷发生地或传送到有关部门，为科学地预测、预防、疏导、调解民间纠纷提供依据的活动。

矛盾纠纷信息的传递与反馈制度的主要内容有：①建立信息传递和反馈组织。一般由调解小组或调解员担任纠纷信息员。②组织信息的传递。包括两种途径：纵向传递和横向传递，前者将纠纷信息向上一级调解组织传递，后者将纠纷信息向有关部门或共同调解的各调解组织传递。传递的方式多种多样，可以是口头、书面、电话等。③做好信息的加工处理。人民调解组织应对获取的信息进行分析，按照矛盾纠纷的性质、轻重缓急进行处理。对可以解决的矛盾纠纷提出调解意见，反馈给基层组织；对带有普遍性、规律性、多发性的矛盾纠纷在调解的同时要提出预防、疏导的措施和建议；对容易激化的纠纷、群众性纠纷、群众性械斗应在稳定事态发展的基础上，报告基层人民政府或有关部门处理。④及时进行信息反馈，保障信息渠道的畅通，使调解组织、有关部门及时掌握纠纷情况，了解上一级调解组织的调解意见，便于有效疏导、调解。

10. 例会制度

例会制度是定期召开会议的制度。一般情况下，司法助理员（司法所）每月召开一次调解主任会议，调解主任每月召开一次调委会会议。

会议的内容一般包括汇总、汇报本月调解工作情况；分析纠纷动向、研究疑难纠纷调解方法和预防纠纷的措施；学习有关政策、法律、法规；安排下一个月的任务。

11. 培训、学习制度

培训、学习制度是指为使调解员掌握法律政策和提高业务能力，专门对其进行培养、训练的制度。为了提高调解员的综合素质，提高调解工作的质量和效率，要经常性地对调解员进行业务培训，调解员也要加强自身的学习。

培训、学习的内容主要是与调解工作有关的法律、法规和调解的基本理论、方法和技巧、调解经验。与调解工作有关的法律、法规主要涉及民事、经济方面的法律，如《民法》、《婚姻家庭法》、《合同法》、《劳动法》、《劳动合同法》、《物权法》等。此外，培训、学习的内容还应包括国家的政策。培训、学习要有针对性，讲求实效，要把理论和实践结合起来，把业务学习与讨论分析疑难案例结合起来，以确保调解效果和质量。

12. 请示报告制度

请示报告制度是指调解组织负责人每月向司法助理员（司法所）汇报当月纠纷发生、调解及预防的情况，并对调解工作中的疑难问题请示如何处理的制度。

请示报告制度的贯彻可以让有关部门及时了解调解的有关情况，以便采取措施，制定政策，进行宏观指导。

13. 考核评比制度

考核评比制度是人民调解委员会对调解员的工作绩效按照责任制的要求进行评比以奖优罚劣的制度。

贯彻考核评比制度，一方面可以激励调解员对调解工作的上进心，另一方面可以促使调解员找出差距，克服缺点，改进工作。评比工作可以通过月评、半年一评、年终总评的方式展开。内容包括调解工作的具体情况、经验教训、工作中的不足及原因剖析、今后的打算等。通过评比，对成绩突出的要及时给予奖励，包括物质奖励和精神奖励。评比要客观、全面，不能走形式，要真正做到通过评比促进调解工作。

坚持考核评比制度是对人民调解员进行约束与激励的具体形式。这一制度能够培养出一批富有责任心、战斗力强的队伍。如深圳桃源司法所坚持考核评比制度，每年年底，司法所对信访员（调解员）进行考核评比，表现优秀的予以奖励，表现不好的予以批评，工作失职的则清除出队伍。这使桃源司法所培养了一支工作负责、技术过硬的调解队伍。

14. 纠纷移交制度

纠纷移交制度是指人民调解委员会对已超出人民调解范围的纠纷和明文规定由其他部门处理的纠纷，应及时上报司法助理员（司法所）或移送有关部门处理的制度。通过移交，既体现了对人民群众负责的态度，又保证了调解人员能正确履行职责，同时还实现了不同部门之间工作的衔接。移交前要做好疏导工作，防止矛盾激化。

（二）人民调解委员会的工作方针

当前，人民调解委员会的工作方针是“调防结合、以防为主、多种手段、协同作战”。这十六字工作方针是通过长期的人民调解工作的实践总结出来的，对人民调解工作具有重要的指导意义。“调防结合”强调调解纠纷和预防纠纷要紧密结合起来。人民调解委员会不能单纯地强调调解，也不能单纯地追求预防，应当说这两者对维护社会稳定同样重要。只有通过两者紧密结合，既注重调解，又不忽视预防，才能更好地维护社会稳定。“以防为主”强调在调防结合的同时，要立足于调解，着眼于预防。通过狠抓预防，既可以防止民间纠纷的发生，又可以防止民间纠纷的激化。“多种手段”强调在调解过程中不能仅仅是依靠法律说服教育，必要时要依靠政策、道德手段，经济、政治手段，甚至是强制手段，这对于某些重大、疑难、尖锐的纠纷的解决是必需的。“协同作战”强调人民调解并不是人民调解委员会的单独行为，需要不同的人民调解委员会之间，人民调解委员会和法院、公安、仲裁、民政、信访、城管、环保、工会及妇联等部门之间联合起来，多管齐下，共同致力于调解。

“调防结合、以防为主”说明了在人民调解过程中必须承认调解和预防的辩证统一的关系，它们相互促进。要做到调中有防，以防促调。并重视预防，把纠纷解决在萌芽状态。“多种手段、协同作战”说明了民间纠纷的调解和预防是一项浩大、复杂的社会工程，单独靠任何一个部门都不可能圆满完成。必须多个部门互相配合、多种手段灵活运用，才能有力地解决矛盾纠纷。

第三节　人民调解员

一、人民调解员的概念和任职条件

（一）人民调解员的概念

根据《人民调解工作若干规定》第 2 条规定，人民调解员是经群众选举或者接受聘任，在人民调解委员会领导下，从事人民调解工作的人员。人民调解委员会委员、调解员，统称人民调解员。

人民调解员直接从事调解工作，是人民调解工作的骨干力量。因此，规范人民调解员队伍，提高人民调解员的素质，是做好调解工作、提高人民调解影响力的有力保障。为此，我国相关的法律、法规对人民调解员的任职条件、产生方式、任期、职业纪律和职业道德等都作了原则性的规定。

（二）人民调解员的任职条件

人民调解员的任职条件是确保高素质人民调解员的前提。根据《人民调解委员会组织条例》第 4 条和《人民调解工作若干规定》第 14 条规定，担任人民调解员应具备以下条件：为人公正，联系群众，热心人民调解工作，具有一定的法律、政策水平和文化水平。

1. 为人公正

为人公正是对人民调解员道德素质的基本要求，是担任人民调解员的首要条件。人民调解员在调解过程中必须保持中立，做到不偏不倚，才能得到双方当事人的信任，有利于调解。而做到这些，没有公正的道德品质是不行的。因此，作为调解员首先要为人公正，不徇私舞弊，在调解中才能做到主持公道，正直无私、公正地调解纠纷。

2. 联系群众

人民调解工作具有很强的群众性。只有联系群众，深入群众，取得群众信任，才能及时地从群众那里掌握有关纠纷的第一手材料，查清事实，把调解工作做好。也才能得到群众的支持和拥护，发挥群众人熟、地熟、情况熟的优势，依靠群众的智慧和力量，调处纠纷，化解矛盾。

因此，作为一名调解员必须具有良好的群众基础，在调解过程中充分发扬密切联系群众的优良传统，虚心听取群众的意见。要心系群众，始终把群众的利益放在第一位。

3. 热心人民调解工作

人民调解工作深入基层，非常艰苦。而人民调解员尽管在我国目前的形势下地位有所提高，但总体上还属于默默无闻的群体。特别是当人民调解员深入基层进行调解时，还会带有一定的危险性。如果没有坚定的事业心和高度的责任感，是无法从事这一行业的。

人民调解员只有热心人民调解工作，发挥无私奉献的精神，不怕苦累，不惧风险，满腔热忱地为群众服务，积极为群众排难解纷，才能胜任人民调解工作，做好人民调解工作。

4. 具有一定的法律、政策水平和文化水平

人民调解工作以合法性为原则，法律、法规、政策是人民调解的依据。如果没有一定的法律、政策水平，是很难保证调解的公平、公正并达到双方满意的效果的。

文化水平的高低影响着人民调解员对法律、政策的理解以及对纠纷的判断和处理。对于人民调解这样一项和法律、法规紧密结合，并需要在复杂的矛盾冲突中寻找突破点，达到纠纷当事人都满意的工作，没有一定的文化水平是很难胜任的。

由选举和聘任产生的人民调解员，都必须具有一定的法律、政策水平和文化水平。尤其随着人民调解制度的成熟和健全，更要求人民调解员要具备一定法律、政策水平和文化水平。例如，广东一些地区在聘任人民调解员时要求：有法律知识的大专以上学历的人才能应聘。

除法律规定的上述条件外，成为人民调解员还必须是成年中国公民。只有成年公民，心智才会健全，才具有完全辨认和控制自己行为的能力，才具有独立处理个人事务和分析、解决现实问题的能力，也才具有独立承担法律后果的能力。人民调解委员会作为我国的基层群众性自治组织，其组成人员当然应是具有中国国籍的公民。

只要具备了上述条件的我国公民，不论民族、性别、职业、宗教信仰以及财产状况等，都有机会成为人民调解委员会的组成人员。

二、人民调解员的产生方式和任期

（一）人民调解员的产生方式

《人民调解委员会组织条例》只规定了人民调解委员会由选举产生这一单一形式。但随着人民调解工作的发展，只通过选举产生人民调解员是不能适应人民调解工作发展需要的。基于此，《人民调解工作若干规定》第 15 条规

定，人民调解员除由村民委员会成员、居民委员会成员或者企事业单位有关负责人兼任的以外，一般由本村民区、居民区或者企事业单位的群众选举产生，也可以由村民委员会、居民委员会或者企事业单位聘任。乡镇、街道人民调解委员会委员由乡镇、街道司法所（科）聘任。区域性、行业性的人民调解委员会委员，由设立该人民调解委员会的组织聘任。目前，人民调解员的产生主要有以下几种方式：

1. 兼任

兼任主要是针对村（居）调解委员会或者企事业单位调解委员会负责人的产生而言。目前，我国村（居）调解委员会或者企事业单位调解委员会负责人主要是由村民委员会、居民委员会或者企事业单位有关部门负责人兼任。这样，既有利于开展工作，又避免了重复选举。

2. 选举

从我国人民调解组织的人员组成情况来看，村（居）调解委员会或者企事业单位调解委员会负责人以外的人员，一般都是由本村民区、居民区或者企事业单位的群众选举产生。通过选举产生的人民调解员，一般都是当地有声望的人，能够取得群众的信任，便于进行调解。

3. 聘任

聘任是指从社会人员中通过考试、面试等方式，择优录取，产生人民调解员的方法。采取聘任制产生人民调解员，既可以保证人民调解员具有较高的素质，能较好地胜任人民调解工作，又可以保证人民调解员的专门性。

《人民调解工作若干规定》除了规定人民调解员的产生方式外，还规定了人民调解员的补选、补聘和撤换。《人民调解工作若干规定》第16条第2、3款分别规定，人民调解员不能履行职务时，由原选举单位或者聘任单位补选、补聘；人民调解员严重失职或者违法乱纪的，由原选举单位或者聘任单位撤换。

（二）人民调解员的任期

根据《人民调解工作若干规定》第16条的规定，人民调解员任期三年，每三年改选或者聘任一次，可以连选连任或连聘。

不过，从实践情况来看，人民调解员任期三年的规定并不利于调解工作的稳定。珠海市司法局基层科曾对人民调解队伍建设进行调研，认为在村（居）委员会每三年换届选举的前提下，人民调解员的身份不能固定，更换频繁，并被随意指派，全市约有1/4的人民调解员处于“一年生，二年熟，三年换”的状态中，他们掌握的人民调解工作的知识和调解技能不能起到承上启下的作用，对人民调解工作的熟悉程度及连续性都带来了不利的影响。可见，对人民调解员任期三年的规定值得思考。

三、人民调解员的种类

以人民调解员是否专门从事调解工作来划分，人民调解员可分为兼职和专职两种。

（一）兼职

兼职是指人民调解工作并不是人民调解员的唯一工作，而是在从事其他工作的同时，还担任人民调解的工作。目前，村（居）调解委员会或者企事业单位调解委员会的组成人员基本上都是由村（居）委员会、企事业单位有关人员兼任的，乡镇、街道人民调解委员会的组成人员也存在兼任的情况。可以说，在我国的人民调解组织中，兼职人民调解员的数量所占的比例较大。

（二）专职

专职是指专门从事人民调解工作的人员。专职人民调解员除了从事人民调解工作以外，不再从事其他的工作。专职人民调解员是“政府购买服务”在人民调解工作方面的具体表现形式。这也是人民调解工作发展的基本趋势。目前，在我国的一些地区（如珠海），主要从社会上招聘专门的人民调解员从事调解工作，成效显著。

随着人民调解工作的不断发展、壮大，应当由什么样的人民调解员担任调解工作，已成为调解工作面临的新问题。兼职人民调解员由于主要是从当地有声望、有经验的群众中产生的，确实有利于开展人民调解工作，但是兼职也存在着一定的缺陷。例如，珠海市司法局基层科在对人民调解队伍建设进行调研时指出，除全市 99 名专职人民调解员之外，全市其他兼职从事人民调解工作的调解员都是由各村（居）委书记、主任、治保主任、计生员、综治队员等兼任，对调解工作有的疲于应付，有的缺乏主动性和积极性，有的欠缺专业素质等等，这些情况影响了人民调解队伍的整体形象。这说明，兼职人民调解员的现状亟待改进。专职人民调解员一般通过招聘产生，素质高，又专门从事人民调解工作，显然有着兼职人民调解员所不具备的优势。因此，为了人民调解工作的健康发展，必须逐渐由专职人民调解员取代兼职人民调解员。

四、人民调解员的职业纪律和职业道德

（一）人民调解员的职业纪律

根据《人民调解工作若干规定》第 17 条的规定，人民调解员调解民间纠纷时，必须遵守下列纪律。

1. 不得徇私舞弊

这要求人民调解员在调解工作中要不徇私情，不弄虚作假，不偏袒任何一方，必须秉公调解，严格依照有关规定做出公正处理。

2. 不得对当事人进行压制、打击报复

在调解过程中，当事人作为矛盾纠纷的利害关系人，有时难免情绪激动，不听人民调解员的劝告，甚至对人民调解员恶语相向，拳脚相加。此时，人民调解员绝不能意气用事，而必须克制自己的情绪，耐心地对当事人进行说服教育，进行法律宣传，促使当事人双方相互谅解，达成调解协议。即使当事人对人民调解员造成重大伤害，人民调解员也不能利用工作的机会对当事人进行打击报复以泄私愤，而是要通过合法途径来解决。

3. 不得侮辱、处罚纠纷当事人

不得侮辱、处罚纠纷当事人是指不得对纠纷当事人进行人身和财产的侵害。人民调解员的中立地位以及人民调解组织的自治性质，决定了人民调解员只能采取说服教育的方法，促使当事人自愿调解并达成调解协议，而不能采取任何强制手段。人民调解员不具有行政权和司法权，因此无权对当事人进行罚款，不能查封、扣押和拍卖当事人的财物，不能没收当事人的财产，更不能对当事人进行人身搜查以及实施捆绑、打骂、变相体罚和其他侮辱性行为。这些做法都是违法的，更不利于人民调解，甚至会使矛盾激化。

4. 不得泄露当事人隐私

尊重当事人的隐私，是法律的基本规定。特别是民间纠纷大多涉及男女关系、夫妻感情、家庭事务、财产等问题，对其隐私的保密要求甚至大过对刑事案件中的隐私的保密要求。人民调解员本着对纠纷当事人负责的原则，要对当事人的隐私严格保密，不得对任何人泄露。不管在调解过程中，还是在调解结束后，都要尊重当事人的保密意愿。这不仅是对当事人权益的充分保护，也是维护人民调解委员会和人民调解员信誉的基本要求。

5. 不得吃请受礼

这是人民调解员公平、公正调解的基本保障。在人民调解过程中，有些当事人为了让人民调解员在调解过程中作出对自己有利的调处，或者调解后对人民调解员表示感激，往往会请吃送礼。对此，人民调解员必须坚决婉言谢绝，以保证人民调解员在调解工作中的中立性和廉洁性。

（二）人民调解员的职业道德

人民调解员的职业道德是人民调解员从事人民调解这一行业必须遵守的道德准则。每个从业人员，不论是从事何种职业，在职业活动中都要自觉遵守各自的道德规范。人民调解员也不例外，他们作为维护社会稳定的主要力量，更应注重职业道德的修养。

根据《人民调解工作若干规定》第18条的规定，人民调解员的职业道德要求主要表现在：人民调解员履行职务应当坚持原则，爱岗敬业，热情服务，诚实守信，举止文明，廉洁自律，注重学习，不断提高法律、道德素养和调解技能。

人民调解员进行人民调解工作，首先应坚持原则，这是做好人民调解工作的前提。坚持原则必须尊重事实，尊重法律，秉公调解。只有这样，才能保持人民调解组织和人民调解员的良好形象。

从事人民调解工作，必须爱岗敬业，热情服务。只有热爱人民调解工作，尊重这份职业，才能安心人民调解工作。也只有爱岗敬业，才会有热情服务的心态，真正为人民调解工作尽心尽力。

人民调解员还要做到诚实守信，举止文明，这是珍惜和维护人民调解员声誉的基本要求。在人民调解工作中，人民调解员只有诚实守信，举止文明，才能得到人民群众的信赖和尊重。

要想做好人民调解工作，人民调解员必须廉洁自律，培养良好的个人情操，做遵纪守法的表率，为人民调解工作的顺利进行奠定基础。

注重学习，不断提高法律、道德素养和调解技能，这也是对合格人民调解员的基本要求。进行人民调解工作，光有满腔热情是不够的，还必须有从事人民调解工作的技能，包括法律知识、调解方法和技巧。这种技能的掌握和提高，只有通过学习才能实现。学习，同样也是提高道德素养的基本途径。因此，作为人民调解员，只有注重学习，不断提高法律、道德素养和调解技能，才能成为一名合格的人民调解员。

五、人民调解员的保护

由于人民调解工作带有一定的风险性，人民调解员在进行调解的过程中，往往会因为当事人情绪激动或要求没有得到满足而遭受到人身攻击，有时其家人也会受到牵连，甚至其财产也会受到损害。这些现象会一定程度地制约着人民调解工作的深入开展，影响到人民调解员调解工作的积极性。因此，必须保障人民调解员及家人的人身和财产的安全。对此，《人民调解工作若干规定》第18条第1款规定，人民调解员依法履行职务，受到非法干涉、打击报复的，可以请求司法行政机关和有关部门依法予以保护。

六、人民调解员应具备的基本素质

作为一名合格的人民调解员应当具备以下素质：

（一）职业道德

作为一名人民调解员，首先要遵守职业道德。这是从事人民调解工作的基本前提。具有一定的职业道德，才能摆正人民调解工作的角色位置，才能使人民调解工作真正发挥应有的效用。

（二）业务水平

一名合格的人民调解员必须具有较高的业务水平，这是做好人民调解工作的关键。业务水平主要包括法律知识和调解技能。人民调解工作必须以法律为依托，没有一定的法律功底，就无法做到依据法律来处理纠纷，就无法对当事人进行法律教育。调解技能更是人民调解工作必不可少的一项技能，对于不同的纠纷，采用的调解手段、方法、技巧都不同。因此，人民调解员必须熟练掌握和提高调解技能，针对不同的纠纷，学会灵活运用相适应的应对技巧和方法，做到具体问题具体分析，具体纠纷具体解决。

（三）能力素质

这里所说的能力素质，包括分析问题和解决问题的能力、思维能力、应变能力、表达能力和自控能力。分析问题和解决问题的能力是调处纠纷的前提和关键。人民调解员调处纠纷必须能够通过分析认清纠纷的实质、冲突的焦点和解决问题的关键，这样才能有的放矢地解决纠纷。思维能力是衡量一名人民调解员业务水平高低的重要条件。较好的思维能力可以帮助人民调解员进行敏锐的观察，形成严谨的逻辑推理，准确地判断是非。人民调解工作所针对的民间纠纷千变万化，事态的发展往往难以意料，如果不具有较强的应变能力，是很难应对瞬息万变的纠纷调解工作局面的。因此，应变能力在人民调解工作中十分重要。表达能力强调的是人民调解员要有较强的语言表达能力。人民调解工作主要依赖人民调解员的说服、规劝和疏导，如果没有很强的语言表达能力，是很难说服当事人而使调解获得成功的。自控能力要求人民调解员在进行调解的过程中，其情绪不受当事人情绪变化和周围环境的影响，始终保持清醒的头脑和豁达的心态进行调解。只有这样，才能确保调解的成功。

第三章　人民调解的工作原则

人民调解的工作原则，是每个人民调解员在调解纠纷中所必须遵守的活动准则，它是人民调解工作长期积累的经验总结，体现了人民调解工作的性质和特点。

《人民调解工作若干规定》第4条对人民调解的工作原则作了一般性的规定，明确人民调解委员会调解民间纠纷，应当遵守下列原则：①依据法律、法规、规章和政策进行调解，法律、法规、规章和政策没有明确规定的，依据社会主义道德进行调解；②在双方当事人自愿平等的基础上进行调解；③尊重当事人的诉讼权利，不得因未经调解或者调解不成而阻止当事人向人民法院起诉。

依上述规定，并结合人民调解组织在实际工作中的做法，可将人民调解的工作原则概括为自愿原则、平等原则、合法原则、合情合理原则、尊重当事人诉讼权利原则。

第一节　自愿原则

一、自愿原则的含义

自愿原则是指人民调解工作必须始终依当事人的意志，尊重当事人的意愿，不得将调解员的意志强加给纠纷当事人，更不能采取任何强迫措施。

自愿原则包括以下三个方面的内容：

（1）纠纷的调解必须是基于纠纷当事人的自愿。发生纠纷后，人民调解委员会能否进行调解，要根据纠纷当事人的意愿来决定。只有纠纷当事人同意人民调解委员会进行调解的，人民调解委员会才可以进行调解；而如果有任何一方不愿意调解，或者不愿意由人民调解委员会主持调解，人民调解委员会就不能进行调解。在这种情况下，人民调解委员会不得以任何形式直接或变相地向当事人一方或双方施加压力，迫使其进入调解程序。

（2）调解协议的达成必须基于纠纷当事人的自愿，即经过调解所达成的调解协议的内容必须是双方当事人真实的意思表示。人民调解的最终目的就是，要通过调解达成调解协议，从而平息当事人的纠纷，化解矛盾。而是否达成协议、达成什么样的协议，必须基于当事人的自愿，而不能强制当事人达成协议。当然，调解人员在调解过程中可以对双方当事人进行说服教育，向纠纷当事人提出建议方案，鼓励当事人达成调解协议等，但最终也必须是当事人自愿接受，而不得强迫当事人接受。纠纷当事人必须在完全自愿的基础上达成一致协议。

（3）调解协议的履行必须基于纠纷当事人的自愿。协议达成后，纠纷当事人是否履行协议，由当事人自己决定。当然，人民调解组织可以帮助、督促当事人履行协议，但不能强迫当事人履行协议。如果当事人在达成调解协议后反悔，拒不履行，或者履行了协议规定的部分义务而不履行其他部分义务，人民调解组织只能通过重新调解，或告知纠纷当事人自愿选择其他解决纠纷的方式来解决。

二、贯彻自愿原则的意义

人民调解组织的性质决定了人民调解工作要贯彻自愿原则。由于人民调解组织既不是国家司法机关，也不是国家行政机关，它只是群众性自治组织，因此，它不能享有国家审判权和行政命令权。这样，人民调解委员会在调处纠纷时就没有强力支撑，也就不能对纠纷当事人进行强迫，而只能取得双方当事人的同意。否则，就不符合人民调解组织的内在本质，就会损害人民调解组织的声誉。因此，人民调解必须贯彻自愿原则。在人民调解过程中贯彻自愿原则，具有如下重要意义：

首先，坚持自愿原则，能够保证纠纷当事人与调解人员之间形成共同语言，取得较好的调解效果。坚持自愿原则，也就决定了人民调解委员会对当事人纠纷的调解不能带有任何强制性，人民调解委员会必须尊重当事人的意愿。这就要求调解人员对纠纷的调解要采取民主协商的方式来进行，要对纠纷当事人进行耐心细致的说服教育。在这样一种氛围下，可以有效地缓解和改善当事人之间的紧张关系，而纠纷当事人也容易接受调解人员的建议，使调解得以成功。

其次，坚持自愿原则，有利于消除纠纷当事人之间的隔阂，保证调解的成功。由于人民调解委员会调解的纠纷大多属于人民内部的思想认识问题和是非问题，当事人之间不存在根本的利害冲突，他们大多是为了争取某种权益，并不想激化矛盾，纠纷当事人的这种愿望与调解委员会追求的目标是一致的。因此，坚持自愿原则，通过对纠纷当事人进行说服、劝导，就能使纠纷当事人的对立情绪得到缓和，并最终相互谅解，消除纠纷。

三、贯彻自愿原则的注意事项

在调解工作中要正确贯彻自愿原则，应当注意以下几点：

(1) 要把自愿原则与说服教育的工作方法紧密联系在一起。也就是说，要贯彻自愿原则，就必须采用说服教育、劝导的方法进行调解。人民调解委员会在调处民间纠纷时，必须坚持对当事人进行说服教育、耐心疏导，这是贯彻自愿原则的基本途径，否则就会违背自愿原则。

(2) 要处理好坚持自愿原则与主动调解的关系。坚持自愿原则，并不意味着调解委员会就只能坐等纠纷当事人找上门。纠纷当事人上门请求调解是当事人自愿调解的表现，但并不等于说只有纠纷当事人上门请求调解才是自愿。这样只会使人民调解工作处于消极被动状态。为了发挥人民调解组织维护社会稳定的作用，当纠纷发生后，调解委员会应当主动上门去进行调解。只要纠纷当事人不反对，同样体现了自愿原则。

(3) 坚持自愿原则，并不意味着当事人可以违背法律、政策和社会公德，随心所欲地订立调解协议。坚持自愿原则，同样要求人民调解组织要坚持原则，当纠纷当事人达成的调解协议侵害了国家、集体、他人的合法权益，违反了法律的强制性和禁止性规定时，即使是双方完全自愿的，人民调解组织也应当进行干预，对这种调解协议不予确认。因此，坚持自愿原则不是绝对的，必要时应当进行适当的法律干预。

第二节 平等原则

一、平等原则的含义

平等原则是指在调解纠纷过程中必须保证各方的法律地位平等。人民调解工作的平等原则，包括以下三个方面的内容：

(1) 纠纷当事人在调解活动中的法律地位平等，即在调解活动中，纠纷当事人不论民族、种族、性别、职业、受教育程度、家庭出身、社会地位、政治面貌、财产状况、宗教信仰、居住期限等，都居于平等的法律地位，享有对等的权利和承担对等的义务。

(2) 调解人员对纠纷当事人在适用法律上一律平等，即人民调解员在调解民间纠纷时，要严格按照法律、政策的规定办事，用法律和政策作为衡量是非的基本标准和尺度。依据法律和政策判断纠纷当事人谁对谁错，谁应当受到保护，谁应当承担责任，不让任何一方享有特权。

(3) 调解人员与纠纷当事人的法律地位平等。平等原则不但体现为当事人之间的法律地位平等，还应体现为调解人员与当事人之间的法律地位平等。在调解过程中，人民调解员并没有高于当事人的地位，不能摆出高高在上的姿态压制当事人，必须与当事人站在同一平台上，与当事人平等协商，妥善解决纠纷。

二、贯彻平等原则的意义

在人民调解工作中贯彻平等原则，是我国的社会主义性质所决定的人民民主平等原则的具体体现。在我国，由于实行的是人民民主专政，从而使得人与人之间的关系是一种新型的同志式的平等关系。这种平等关系在我国政治、经济、文化以及社会生活的各个方面都得到了法律的确认，在实践中也得到了贯彻。作为解决纠纷的人民调解活动，当然也要贯彻平等原则。此外，平等原则也符合我国社会主义法制原则的基本要求。我国社会主义法制原则就是要求中华人民共和国公民在法律面前一律平等，这已为我国《宪法》所确认。这一法制原则应当得到充分贯彻，不但应当在民事活动和诉讼活动中得到贯彻，而且也应当在调解活动中得到贯彻。贯彻这一原则，就要求纠纷当事人在调解活动中地位平等，调解人员对纠纷当事人在适用法律政策上也必须平等。在调解活动中贯彻平等原则，既可以使调解人员取得当事人的信任，又可以减弱或消除当事人双方的对立情绪，从而有利于纠纷的顺利调解，并保证纠纷的妥善解决，增强纠纷当事人之间的团结。

三、贯彻平等原则的要求

在人民调解工作中要贯彻平等原则，必须做到：①思想上高度重视。调解人员要在思想上提高对平等原则的认识，牢固树立平等的观念，增强贯彻平等原则的自觉性。②调解人员在调解活动中对纠纷当事人要一视同仁，要营造平等的气氛，使双方当事人都能够充分陈述自己的意见和要求。③调解人员在调解活动中要敢于排除外界的非法干扰，不对任何外界势力低头，坚持真理。只有这样，才能保证平等原则的贯彻，才能保证调解的公平、公正，从而达到理想的调解效果。

第三节　合法原则

一、合法原则的含义

合法原则是指人民调解工作必须依据法律、法规、规章和政策进行。任何民间纠纷的调解必须首先在法律的框架内进行，否则可能导致调解无效。

人民调解必须按照法律、法规、规章和政策的规定去进行，这是公正解决矛盾纠纷的基础。只有按照法律、法规、规章和政策进行调解，才能分清是非责任，同时可以使当事人懂得什么是合法，什么是违法，从而增强公民自觉地用合法的途径解决矛盾纠纷、用法律武器保护自己权益的普遍意识。

合法调解是《人民调解工作若干规定》的一项工作原则，也是中国当代人民调解实践中的一种基本的调解方式。这种调解方式在解决纠纷、保护公民权利的实践中具有以下两个特点：一是调解员在调解时注重查明纠纷本身的事实；二是调解员注重分析纠纷事实与现行有关法律的关系。

例如：

某县某村村民巩某与刘某两家住前后院，两家东侧墙外有一条一丈宽的南北走道。1990年春天，巩某堵死自家的北院门，并砍了院墙边的两棵杨树，从后院东侧扒了一个新门与刘家同走一条道。刘某竭力劝阻，并要求巩某赔偿树的损失。巩某不但不听劝阻，反而登上刘某家的北房，拆毁了300多块房瓦，扒掉了3米长的房脊，然后又在刘家的院门外挖了一条50厘米深的沟。村调委会受理此纠纷后，一方面制止事态扩大，一方面调查取证。根据土地证记载，这条走道是刘家的一条老走道，路边杨树也是他家栽种的。调委会遂根据凡是各个历史时期因规划确定的宅基地使用权，以及由此而出现的宅基界线、树木、流水、走道等纠纷，尊重历史事实，按当时政策、法律进行调解的原则，对巩某进行法制教育，明确提出巩某的行为造成了对刘某的侵权，依据民法的规定，必须承担民事责任。最终，巩某认识到自己的错误，并与刘某达成调解协议：一是由巩某负责维修刘某被拆坏的房子和赔偿树的损失；二是巩某将刘某院门外挖的沟填平，并仍走自己家原来的院门。

这一案例充分体现了人民调解员在调解过程中注重查明纠纷的事实和注重分析纠纷事实与现行有关法律的关系的特点。

合法原则包括以下三个方面的内容：

(1) 人民调解组织受理和调解矛盾纠纷的范围要符合法律、法规和规章的规定。法律、法规规定只能由专门机关管辖处理的，或者法律、法规禁止采用民间调解方式解决的，或者人民法院、公安机关或其他行政机关已经受理或解决的，如治安案件、刑事犯罪案件、法院审结的民事案件，人民调解委员会不得调解。但治安案件、刑事犯罪案件引起的人身伤害、财产损害的赔偿，人民法院、公安机关虽已受理，但认为更适合人民调解解决并移交或者建议人民调解委员会调解的，人民调解委员会可以受理。

(2) 调解纠纷的主要方式是以国家法律、法规、规章以及党和政府的政策对当事人进行说服教育，使当事人按照法律、法规、规章和政策，分是非、辨责任。人民调解委员会调解纠纷要以事实为依据，以法律为准绳，在充分听取当事人陈述、调查了解、查明矛盾纠纷发生的事实后，以法律、法规、规章、政策为依据，分清是非责任，说服有过错的一方承担责任，双方都有过错的，各自承担相应的责任。

例如：

某镇西乡村村民黄某（以下称乙方）与某省某县商业局（以下称甲方）因房地产纠纷闹了4年。镇法律事务所受理此纠纷后，首先将双方当事人请到所里进行面对面的调查，了解双方的意见。接着，又走访知情人和以前主持调解的村镇干部。随后，法律事务所主任组织双方当事人学习有关法规，指出："乙方在没有领取《房屋产权证》的情况下就把房屋出卖给甲方，违反了《××省房地产登记暂行办法》；乙方在没有征得当地政府同意的情况下把土地转让给甲方，违背了土地管理法。因此，甲乙双方所签的《房屋买卖合同》和《土地转让合同》均属无效合同。"经过依法说服，当事人双方都认识到了自己的过错，愿意承担由于自己的过错而造成的损失。并在法律事务所主持下，达成了协议，签订了调解协议书。

（3）纠纷调解的结果和当事人权利义务的确定，不得违背法律、法规、规章和政策的要求，调解协议必须符合法律和政策，违反法律规定的调解协议是无效的。在调解中允许当事人双方互谅互让，对自己的民事权利作出处分，但当事人的处分不得违背政策、法律的规定，或损害国家、集体和其他公民的利益，这是合法原则的基本要求。对不符合法律、法规、规章和政策的调解协议，当事人可以要求重新调解，基层人民政府和基层人民法院也可以予以纠正。

值得一提的是，在人民调解中贯彻合法原则并不是绝对的，如果能够使纠纷得到彻底解决，即使不是完全依据法律规则判定当事人的是非责任，也是允许的。

二、贯彻合法原则的意义

我国《宪法》第5条规定："一切国家机关和武装力量、各政党和社会团体、各企事业组织都必须遵守宪法和法律。一切违反宪法和法律的行为，必须予以追究。任何组织或者个人都不得有超越宪法和法律的特权。"按照《宪法》的这一规定，要求任何组织、人民团体和个人都必须遵守宪法和法律，人民调解委员会作为调解民间纠纷的群众性组织也不例外。因此，人民调解工作必须在宪法和法律的框架下进行。

人民调解委员会调解纠纷遵循合法原则，实际上是社会主义法制原则的要求，它有利于贯彻和维护社会主义法制原则。此外，由于国家的法律和政策体现的是人民的意志，代表了广大人民群众的根本利益，因此，在人民调解中遵循合法原则可以更好地保证纠纷当事人的权益不受损害，也只有遵循合法原则，才能保证纠纷的公正处理，维护纠纷当事人的合法权益。

三、贯彻合法原则的要求

在人民调解工作中贯彻合法原则，要做到以下几个方面：

（1）要正确处理合法原则与自愿原则的关系。贯彻合法原则可能会与当事人的要求不一致，但这并不意味着违背了自愿原则。因为在人民调解过程中，自愿原则是前提、基础，首先是自愿调解，才能在调解中贯彻合法原则。而贯彻合法原则，当事人必须接受；否则，调解不能进行。因此，合法原则与自愿原则是辩证统一的，是一个问题的两个方面。基于此，人民调解委员会调解纠纷，既要坚持自愿，又要做到合法，两者缺一不可。

（2）要大力提高调解人员的法律政策水平，这是正确贯彻合法原则的前提和关键。既然人民调解要依据法律、法规、规章和政策，人民调解员就必须要有法律知识，能够正确理解法律、法规、规章和政策的精神和内容。否则，是无法依法进行调解的。而要更好地做好人民调解工作，还要提高法律政策水平，特别是要熟悉和准确掌握与调解工作直接相关的一些法律政策。离开了执法水平，就根本谈不上合法原则的贯彻执行。

（3）在调解过程中要自觉接受基层人民政府和人民法院对调解委员会调解工作的监督和指导，这是做好人民调解工作的基本保证。人民调解委员会尽管是群众性组织，但并不是独立的。它要接受基层人民政府和人民法院在工作和业务方面的监督和指导。只有这样，才能更好地保证人民调解工作的顺利进行。

第四节　合情合理原则

情理是指属于社会公共道德范畴的、为社会大众所接受并遵循的、人与人之间交往的自然法则。情理不仅包括人与人之间共同认同的自然情感，还包括基于该情感产生的善良风俗、习惯等内容。在人民调解过程中，依法调解固然重要，而依情理调解在基层人民调解过程中却有着法所不能达到的效果。

一、合情合理原则的含义

合情合理原则是指人民调解组织在调解纠纷时，以当事人在情感上能够接受的方式和人们共同认同、信守的道理来进行。情理原则要求注重情理，以和为贵，不伤感情。调解工作要注意情理结合，在不违背法律、政策的前提下兼顾天理、人情，注意尊重当地的社会风俗习惯和价值取向，使得当事人“心服口服”。

情理原则整体上强调人民调解的灵活性，只要不违反法律的基本精神，调解结果能够使纠纷当事人和当地人从情感上接受，达到了维护社会稳定的效果，不管运用何种方法都是可以提倡的。通过人民调解的实践表明，法与情理基本上在不同地域的纠纷中同时使用：在城市社区，基于人们法律意识的提高，依法调解是很好的选择；而在乡村，人们更注重用当地人普遍认可或当事人接受的情理规则进行调解。

因为，法律尽管在全国范围内是普遍适用的，但在实施过程中并不一定能充分发挥它的功能，特别是在民间这种现象更明显。例如，某地甲乙两人因小事大打出手，甲把乙打伤，乙把甲告上法院。法院最终依据法律判处甲赔偿乙医药费1 000元。但甲对这一结果不满意，于是带上全家去外地打工，最终导致这一依法解决的纠纷使受害者难以得到赔偿。在占有广阔领域的民间，依法作出的公正的判决未必是当事人认可和接受的，而依当事人都接受的情理来进行调解却能取得好的效果。因此，对于基层发生的纠纷运用合情合理原则是十分必要的。

人民调解必须充分关注和重视情理的运用，综合考察纠纷争议的实质，权衡利弊，作出符合社会公德、具有良好的社会效果的调解。人民调解必须树立以实现社会公平正义为最终目的的主导思想。要以是否实现了社会的公平正义、是否留下了矛盾纠纷复发的隐患、是否有助于社会的和谐稳定，作为评判调解工作成绩的主要标准。

二、贯彻合情合理原则的意义

首先，在调解过程中通过情理因素的引入，可以在一定程度上弥补法律规则的局限性。法律的确定性与稳定性是法律能够成为现代社会有效的调节方式的主要原因之一。但诚如柏拉图所说，“法律在任何时候都不可能完全准确地给社会的每个成员作出何为善德、何谓正当的规定。人之个性的差异、人之活动的多样性、人类事务无休止的变化，使得人们无论拥有什么技术都无法制定出在任何时候都可以绝对适用于各种问题的规则。”尤其是我国目前的法律制度还不完善，存在缺漏和盲区，完全依靠法律解决一切问题是不切实际的。在这种情况下，如果片面追求调解的法律效果，机械套用法律规则，有时会得出不公正的结果。而情理的运用，可以给予每个当事人各自面临的具体情况以细致入微的考虑并尽可能的照顾，而非强调遵循某种预先客观存在的严格规则，从而在一定程度上弥补了法律的局限和不足。

其次，在调解过程中通过情理因素的引入，可以更好地实现调解的“维稳”作用。在现实生活中，人们仍往往习惯于用是否“合情合理”的眼光来审视、评判纠纷裁断的是非对错，他们并不关心法律制度的设计是否合理，而只关心案件的处理结果是否符合他们日常生活中所认定的某种正义，这种正义是一种典型的情理性正义，合乎情就是义，反之就是不义。因此，在调解实践中，合理考量情理因素，及时有效地回应民众的需求，能够促使调解协议的达成和保证调解结果为当事人所接受，不致反悔，实现维护社会稳定的目的。

再次，在调解过程中通过情理因素的引入，有利于纠纷的彻底解决。在现实生活中，人们选择调解，其目的就是为了彻底地解决纠纷，而不是单纯地通过法律判定出是非曲直。从某种程度上来说，解决纠纷甚至比通过法律规则判定权利义务更有意义。人民调解工作注重从社会道德标准的角度对案件进行评判，将社会公众的良心和善恶标准、是非观念融入调解过程中，可使调解结果更贴近民众，更能反映社会的价值观念和道德准则，更容易实现彻底解决纠纷的目标。

三、贯彻合情合理原则的要求

（一）在价值层面上，要培育调解人员健全的法律感觉，深刻把握法及情理的价值内涵

在法的价值层面上，任何纠纷的解决，都不是以服从严格的规则主义为主的，而是以实现正义这一法律的根本价值为最终目的。一个优秀的人民调解员，应当能够正确地把握法律制度所预设的价值追求，并将自己对法的价值的认识融于法律的适用过程之中，以作出符合法的价值精神的公正决断。在我国现阶段的人民调解实践中，需要人民调解员能培育起一种健全的法律感觉，在面对情理与法的冲突时，能够从法正义的价值层面来深刻理解和把握情理与法的关系，并准确地把握情理原则的运用，以此来维护法律价值与社会情感的正向运行。

（二）在实践层面上，要合理运用调解衡平技术，实现情理与法的沟通、平衡和协调

所谓调解衡平，简言之就是指“相互冲突的利益通过调解途径得到调节和分配”。在调解实践中，面对情理与法的冲突，人民调解员仅仅依靠法律的逻辑并不能满足社会生活的需要。当个别案件因其特殊情况使得严格适用法律将导致对某一当事人极为不公正，明显有违情理或者有悖法律的一般价值观念原则，就需在相互冲突的情理与法的价值之间进行一种取舍与衡平。在调解衡平

过程中，人民调解员应当建立起一种端正的、理性的主观态度。一般而言，人民调解员潜意识里均有一个较为固定的价值框架，人民调解员习惯于在面对任何事实时秉承这个框架体系的既成观念进行评价，这是人民调解员判断主观性的重要体现，这种主观意识往往会强烈地影响法律适用的结果。因此，人民调解员应当在内心建立起一种契合社会现实并具有某种相对稳定的科学性的价值评价体系，准确理解和把握立法的精神和价值，结合案件的具体事实，借助于社会生活经验知识，正确地解释和运用法律，实现情理与法的有效结合。

（三）在规范层面上，准确把握情理引入调解的限度，维护法律的权威

人民调解工作肩负着平息纠纷的重要职能。这就要求人民调解员在解决纠纷时，不能不考虑到社会结构中起效用的情理因素。但是，在调解过程中，如果人民调解员对社会情理因素考虑过多，甚至成为调解的主要考虑点，则会破坏法律的稳定性与统一性，构成对法律的威胁。因为如果只站在情理的立场上思考问题，使法律屈从于情理，那么法律就会丧失其应有的价值，导致法律无法在社会生活中扎根。同时，过分强调情理易使人们产生一种心理，即法律在一定时间和程度上可以被忽视甚至被突破，从而导致法律权威的丧失。而一旦法律的权威不能得到有效的维护，再好的法律也只能变成一纸空文，也就不可能有法治了。因此，在具体的调解过程中，人民调解员首先要坚持依法调解，严格遵循法律标准，在依据法律可以解决实际问题时，必须忠实地服从规则。只有当发现现有法律无可适用，或一旦适用，调解结果将显失公正时，人民调解员才可依据公平正义的价值理念，合理考量情理因素，谨慎地加以运用。

例如：

张家的公牛和李家的母牛在王家的菜地里交配，结果踩坏了王家的菜。王家要求张家和李家赔偿，张家和李家都愿意赔偿，但对于赔偿多少，两家发生了争执，最后找到人民调解委员会。人民调解员老齐是个经验丰富的人民调解员，听了双方的陈述后，认为需要到现场了解情况。来到王家的菜地后，老齐查看了菜损坏的情况，就对张家说要张家赔偿损失的1/3，对李家说要李家赔偿损失的2/3。其理由是张家的公牛是用两只脚踩菜地，李家的母牛是用四只脚踩菜地。张家听了觉得很有道理，就同意了人民调解员老齐的建议。而李家不同意，认为是张家的公牛赶过来交配的，应该由张家赔偿多一点。于是老齐就把李家叫到一边，做他家的思想工作。老齐对李家说，“这样的赔偿结果看起来像是你家吃亏了，实际上是你家占便宜了。”李家不解。老齐继续说，“明年你家的母牛就会生出小牛犊，不是你家占便宜了吗？如果张家反应过来，说不定还不会同意这个赔偿方案呢！”李家一听，确实是这样。于是同意了老齐的调解方案。该纠纷得以圆满解决。

上述纠纷的调解并不强调法律是怎样规定的，而是从解决实际问题出发，以双方当事人都能接受和执行的结果来平息纠纷，很好地贯彻了合情合理原则。

合情合理原则也充分说明了在中国当代民间调解的实践中，纠纷的调解虽然也关注纠纷本身的事实和当事人之间的权利、义务问题，但并不过分强调当事人双方的权利得失，而是强调如何形成双方当事人都能接受和满意的调解结果以平息纠纷。

第五节　尊重当事人诉讼权利原则

一、尊重当事人诉讼权利原则的含义

尊重当事人诉讼权利原则是指人民调解委员会对于未经人民调解委员会调解的民间纠纷，或者虽已调解，但调解不成的民间纠纷，允许当事人向人民法院起诉，不得阻止。《人民调解委员会组织条例》、《人民调解工作若干规定》和《民事诉讼法》都对这一原则作了规定。这一原则包括以下三个方面的内容：

（1）纠纷发生后，纠纷当事人有权选择解决纠纷的方式，即对于所发生的纠纷，由当事人自己决定是请求人民调解委员会给予解决，还是向人民法院起诉，任何人不得加以干涉。如果当事人选择了直接向人民法院起诉的，人民调解委员会不得阻拦。

（2）即使在纠纷调解过程中，纠纷当事人的双方或一方仍然可以放弃调解，转而向人民法院提起诉讼，即在调解过程中，如果纠纷当事人认为人民调解委员会调解的不公平，或者人民调解委员会调解不了，而不愿继续接受调解了，应当尊重纠纷当事人的选择。如果纠纷当事人转而向法院起诉的，应当允许，不得阻拦。

（3）纠纷经人民调解委员会调解达成协议后，如果纠纷当事人一方或双方由于种种原因反悔而不愿履行调解协议，并转而向人民法院起诉的，也要尊重纠纷当事人的选择，而不得强行阻拦。

二、贯彻尊重当事人诉讼权利原则的意义

人民调解工作贯彻尊重当事人诉讼权利原则，具有如下重要意义：

（1）在人民调解工作中贯彻尊重当事人诉讼权利原则可以更好地贯彻和实现《宪法》所规定的公民的诉讼权利。根据我国《宪法》规定，公民的财产权和人身权受法律保护，当公民的这些权利受到侵害时有权向人民法院提起诉

讼。可见，向法院提起诉讼是公民依法享有的一项重要诉讼权利，任何人无权剥夺。因此，纠纷当事人对未经人民调解委员会调解或调解不成的纠纷向人民法院起诉，是实现诉讼权利的具体表现，任何人不得剥夺。

(2) 尊重当事人的诉讼权利，能够更好地维护当事人的合法权益。在人民调解过程中，由于人民调解员对国家的法律政策并不是很精通，再加上有些民间纠纷比较复杂，可能会导致调解效果不理想，甚至调解不了的结果，致使纠纷当事人的合法权益不能得到实现。而通过纠纷当事人向人民法院提起诉讼，人民法院通过诉讼途径解决该纠纷，由具有法律专业知识和较高业务能力的法官对纠纷进行审理，可以保证纠纷处理的正确性，并纠正调解工作中出现的偏差，从而更好地维护当事人的合法权益。

即使人民调解组织能够调处好民间纠纷，并能保证纠纷调处结果的正确性和公正性，纠纷当事人向法院起诉仍有益于人民调解组织和工作的建设：一方面可实现法院对人民调解工作的监督，进一步促使人民调解组织加强法律政策的学习和业务能力的提高，以便更公正、正确地调处纠纷，避免损害纠纷当事人权益情形的发生。另一方面，通过法院对人民调解组织调处工作的肯定，能够证明人民调解的可信性，进而提高人民调解组织的威信和声誉，推动人民调解工作的进一步深入。

(3) 尊重当事人诉讼权利，是司法最终解决原则的贯彻。司法最终解决原则，意味着除非法律另有规定，否则任何纠纷都可以最终通过诉讼途径来解决。也只能通过诉讼途径来解决，才能保证纠纷解决的彻底性。因为通过诉讼形成的最终结果——裁决——具有权威性，当事人必须服从。这样就避免了通过其他方式解决纠纷而形成的解决结果可能无法执行的不利后果的发生。

三、贯彻尊重当事人诉讼权利原则的具体要求

在调解工作中贯彻尊重当事人诉讼权利的原则，必须做到以下几点：

(1) 正确处理人民调解和在调解过程中纠纷当事人转而向人民法院起诉的关系。进行人民调解和在调解过程中纠纷当事人转而向人民法院起诉，都是纠纷当事人实现其合法权益的正当途径，二者并不存在必然的因果关系，即不能认为在调解过程中纠纷当事人转而向人民法院起诉就是人民调解工作没有做好。这种看法可能会导致强迫调解的发生，剥夺当事人的诉讼权利，并使人民调解工作陷入被动局面，不利于人民调解工作的深入展开。因此，要正确对待二者的关系：或调或诉都是当事人的选择，要给予尊重；不要把由调转诉作为衡量人民调解委员会工作好坏的唯一标准。这样既能更好地保证纠纷当事人诉讼权利的实现，又能更好地开展人民调解工作。

（2）在纠纷发生后的任何时候都要尊重纠纷当事人诉讼权利的实现。即纠纷发生后,当事人可以直接向人民法院起诉,也可以先向人民调解组织申请调解,在调解过程中转向人民法院起诉，甚至在调解协议达成后向人民法院起诉。不管纠纷当事人在何时向人民法院起诉，人民调解组织都必须尊重纠纷当事人的选择，不得以任何借口阻止。而人民法院对于纠纷当事人的起诉，也不能推脱。只要符合起诉条件，就应当受理。

（3）不能过分强调尊重当事人诉讼权利而怠于调解。人民调解是新时期维护社会稳定的“第一道防线”，它有着诉讼不可替代的功能。人民调解组织作为维护社会稳定的主导力量，必须在调解工作中充分发挥它的作用。这就要求人民调解组织必须积极介入调解，甚至主动进行调解，以消除矛盾纠纷、为群众排忧解难为己任，成为构建和谐社会的生力军。

事实上，近年来人民调解组织所取得的成绩，也说明了人民调解组织积极主动地进行调解是人民调解组织调解工作的重要一环。因此，不能借口尊重当事人诉讼权利而消极地对待调解。要做到：在调解过程中不阻止当事人进行诉讼；对可能进入诉讼阶段的纠纷，也要争取以人民调解的方式结案，以实现纠纷解决的理想效果。

第四章　人民调解的受案范围和受案方式

第一节　人民调解的受案范围

一、人民调解受案范围的法律规定

关于人民调解的受案范围，《中华人民共和国宪法》和《人民调解委员会组织条例》只是笼统限定在“民间纠纷”，而对于何谓“民间纠纷”没有作进一步界定。所以，在相当长的时期内，人民调解的受案范围局限在公民之间婚姻、家庭方面的矛盾纠纷。随着社会转型以及社会经济结构的变化、利益格局的调整，社会矛盾纠纷主体、内容、成因等都发生了深刻变化。矛盾纠纷的主体由公民与公民之间转化为公民与法人和其他社会组织以及单位之间；矛盾纠纷的内容由婚姻、家庭、邻里、继承、赡养等简单纠纷发展扩大到经济纠纷、下岗待岗职工与企业的纠纷、劳资关系纠纷、物业管理纠纷以及拆迁纠纷等等。因此，2002 年 9 月 22 日司法部出台的《人民调解工作若干规定》第 20 条将调解民间纠纷的范围明确规定为：包括公民与公民之间、公民与法人和其他社会组织之间涉及民事权利义务争议的各种纠纷，也就是人民调解委员会可以调解除法律规定不能调解的纠纷以外的所有民间纠纷。

此外，法律还规定了不能调解的情形：①法律、法规明确规定由有关部门管辖处理的；②人民法院已经受理或正在受理的；③一方当事人不同意调解的；④已构成犯罪或构成违反治安管理处罚行为的；⑤已经申请基层人民政府处理或处理完毕的；⑥其他不属于人民调解受理范围的。

不过，随着人民调解工作的展开，上述不能调解的范围已有所改变，一些地方还通过立法将上述不能调解的范围的一部分纳入了调解的领域。

二、人民调解实践中的具体做法

《人民调解工作若干规定》第 20 条将人民调解的受案范围限定在公民与公民之间以及公民与法人和其他社会组织之间涉及民事权利义务争议的各种纠纷，这一规定无疑扩大了人民调解的受案范围。但是，随着社会的发展，矛盾纠纷越来越复杂和多样化，在各地的司法实践中，人民调解的范围又突破了这一规定，已经渗透到法人、社会组织之间纠纷的化解中。更有甚者，有些地方（如上海、北京、浙江等地）人民调解已经拓展到轻微刑事案件的化解中，并且取得了积极的效果。实践中对调解受案范围的拓宽包括：

（一）调解内容的拓宽

按照现行规定，人民调解的范围主要是婚姻、家庭、邻里、赔偿等常见性、多发性纠纷，这已不能满足社会生活的实际需要。所以，近年来，人民调解的内容不断被拓宽，下列纠纷都逐渐被纳入人民调解的受案范围。

(1) 各类民事纠纷，诸如婚姻、家庭、析产、继承、赡养、扶养、抚育、劳动、债务、赔偿、房屋、宅基地、土地、山林、水利、承包、租赁、相邻、农机具等纠纷。

(2) 民事违法行为所引起的纠纷。这种违法行为轻微，未违反治安管理条例，更未构成犯罪。

(3) 违反社会公共道德引起的纠纷。这类纠纷既不违法，也无权利义务之争，却有很大危害性，极易激化和转化。

(4) 轻微刑事违法行为引起的纠纷，如侮辱、诽谤、损害名誉、虐待、干涉婚姻自由等。这些行为就其性质来说，当然属于刑事范畴，但由于情节显著轻微，法律也有特别规定，此类案件如果诉讼，人民法院也可调解。因此，如果当事人不自诉或者自诉后又撤诉的案件，人民调解委员会可对之进行调解。

(5) 针对特殊环境下的因素变化，新出现的对农村土地承包调整、土地征用、移民和城市拆迁等纠纷案件。

现在，全国许多地方对人民调解的范围拓展都做出了新的尝试，比如将医疗损害赔偿、劳动争议、消费者权益、物业管理等都纳入了调解的范围，特别是将轻伤害案件委托给人民调解委员会调解，更是人民调解工作的一个亮点。

可委托人民调解的轻伤害案件主要是指因民间纠纷引发的故意伤害致人轻伤案，加害人是初犯、偶犯，未激起民愤，案件社会影响也不大。司法机关在案件受理、立案侦查、审查起诉、审判阶段，征得双方当事人同意后，将部分有可能通过人民调解委员会调处的轻伤害案件，委托辖区内的人民调解委员会调解，以促进当事人交流和解，达到撤案、不起诉、免予刑事处罚等处理结果。

例如：

于某因家庭琐事与弟媳由争吵发展到大打出手，造成弟媳鼻骨骨折。经鉴定，构成轻伤，家庭纷争上升为刑事案件。承办此案的公安民警认为，由于此案是由家庭纠纷引起，且加害人事发后主动赔礼道歉，认错态度较好，故将处理案件的着力点放在调解上，尽量避免走入刑事诉讼程序。在征得双方同意的基础上，派出所将案件移送到街道人民调解委员会。经调解，加害人自愿赔偿被害人医药费、鉴定费等费用，被害人则对加害人表示谅解，放弃追究其刑事责任，一家人避免了对簿公堂，重新和睦相处，取得了良好的社会效果。

又如：

在校大学生小锦和同学在踢足球时，与正在打篮球的小顾及同学发生矛盾。小锦因一时冲动，拿自来水管击打小顾的头部，致使小顾受伤。由此，小锦触犯了刑律，不仅面临牢狱之灾，而且终身要被贴上“犯罪标签”。这对一个大学生来说是非常不幸的，但借助“轻伤害案件委托人民调解”这种司法新模式，小锦既可免除牢狱之灾，又不会留下任何“后遗症”。当地检察院将该案件委托给当地街道人民调解委员会进行调解，经调解人员的悉心调解，最后双方达成了调解协议。

将轻伤害案件委托给人民调解委员会调解的做法，早在2002年就以上海市杨浦区作为试点开始试行。之后几年，杨浦区各街道镇人民调解委员会共调处轻伤害案件890件，其中轻伤343件，轻微伤547件，取得了调处成功率高、协议履行率高和案件解决成本低、加害人再犯率低的良好效果。2006年，这种成功经验在上海市全面推广。接着，北京、浙江、安徽等地的省级政法部门也相继发布了有关办理轻伤害案件适用和解程序的规范性文件，其他一些地方的地市甚至县级政法部门也出台了类似的政策性文件。

轻伤害案件委托人民调解工作的开展，极大地拓展了人民调解的功能范围，使人民调解从民事案件拓展到轻微刑事案件，从诉讼外进入诉讼内，使其在调处社会矛盾、维护社会稳定中发挥了更大的作用。在促进社会和谐以及提高矛盾冲突的社会自我消解能力等方面具有重要意义。同时，委托调解工作的开展也极大地节约了司法资源，缓解了“诉讼爆炸”给司法机关带来的压力。当然，这种做法目前仍处于探索阶段，在学界也存在一些争议，有的学者认为该做法与“法治精神”相违背。但无论如何，轻伤害案件委托人民调解的司法新模式，不仅为中国刑事司法改革带来了重要的启发和全新的尝试，而且也为推进平安建设、促进社会和谐提供了新思路。

（二）调解主体的拓宽

《人民调解工作若干规定》中限定人民调解的主体为公民与公民之间以及公民与法人和其他社会组织之间。但是随着经济的发展，企业数量特别是乡镇企业和中小型企业越来越多，他们之间的纠纷，即法人之间的纠纷，急需解决，在实践中亦被逐渐纳入人民调解的范围。

第二节　人民调解的受案方式

一直以来，人民调解的受案方式主要为自行接案。近几年，随着社会的发展，人民调解的受案方式越来越多样化，除了自行接案以外，还包括诉调对接、警民联调、信访调解以及联合调解等其他受案方式。

一、自行接案

人民调解委员会的受案方式主要是自行接案，自行接案主要有两种方式：主动受理和申请受理。

（一）主动受理

主动受理即人民调解组织根据群众反映、有关部门单位转告、纠纷信息员报告以及人民调解委员会在民间纠纷大排查中发现的矛盾纠纷，主动及时地登门调解。这种受理方法迅速、及时，适用处于初发阶段的纠纷和容易激化的突发性纠纷。基于人民调解的任务就是调解民间纠纷，防止民间纠纷激化，维护社会稳定，这就要求人民调解委员会以维护社会稳定为自己的工作目的，积极主动地提供调解服务，及时发现矛盾，主动化解纠纷。如果不主动化解纠纷，就无法防止矛盾激化，就会使人民调解失去维护社会稳定“第一道防线”的作用。

主动受理和人民调解自愿的原则并不矛盾。前者是工作的态度与方式，后者是工作的根本要求，两者必须有机地结合起来，才能顺利完成人民调解的工作任务，避免民间纠纷的激化。

(二)申请受理

纠纷当事人双方或者当事人一方申请，另一方当事人表示愿意接受调解，同时又属于人民调解委员会受理范围的，人民调解委员会应及时受理。普通民间纠纷由纠纷当事人居住地人民调解委员会调处；社区复杂、疑难纠纷由街道（镇）人民调解委员会调处；跨社区或在本区有重大影响的疑难纠纷由区人民调解工作指导委员会协调调处。法律、法规规定只能由专门机关管辖处理的，法律、法规禁止采用民间调解方式解决的以及人民法院、公安机关或者其他行政机关已经受理或者解决的纠纷不予受理。

申请受理必须具备以下条件：

(1) 有明确的双方当事人。纠纷当事人在提出申请时，必须说明谁侵犯了他（她）的权益或者他（她）与谁发生了争议。

(2) 有具体的请求目的。纠纷当事人必须说明请求调解要达到什么目的，解决什么具体问题。

(3) 有事实依据。纠纷当事人必须提供申请所依据的纠纷事实，包括发生纠纷的事实情况以及相应的证据事实。

(4) 申请调解的纠纷属于人民调解组织主管和管辖。纠纷当事人申请调解的纠纷，如不属于人民调解组织主管职权范围的，人民调解组织应告知纠纷当事人到有关部门要求解决，或主动联系有关部门并配合解决问题。纠纷当事人申请调解的纠纷，如不属于该人民调解组织管辖范围或该人民调解组织与其他人民调解组织共有管辖权的，人民调解组织应告知纠纷当事人到有管辖权的人民调解组织申请，或与共有管辖权的人民调解组织协商决定由谁管辖或由一方受理，双方共同调解。

人民调解组织无论通过哪一种方式受理纠纷，都应遵循自愿的原则，尊重当事人的诉讼权利，不能强迫当事人接受调解。对于当事人明确表示不愿意接受调解组织调解的，人民调解组织应当尊重当事人的选择，而不能强行调解。

二、诉调对接

现在全国各地纷纷建立“诉调对接”机制，主要采取邀请特邀调解员、在法庭内设立人民调解室、建立调解联席会议制度等方式，让人民调解组织参与法院受理案件的矛盾纠纷调处工作。在“诉调对接”中，人民调解组织既可以和法官一起参与案件调解，也可以在案件双方当事人的同意下独立召集其进行调解，而法院依法对调解协议进行确认，使当事人不伤和气地解决纠纷，从而实现矛盾纠纷的有效化解。实践证明，这种方式是行之有效的。

(一) 具体做法

1. 组织机构的对接

为了缓解诉讼压力，减轻当事人的经济负担，我国已有部分具有前瞻性的法院在司法实践中开展了颇有实效的尝试。比如，北京市朝阳区人民法院在2005年5月开始在法院内设立民间调解室，在法官的直接指导下邀请律师、社会调解员来法院帮助解决纠纷，截至当年12月20日，该院以立案息诉方式化解纠纷约5 000件、执行和解案件3 167件。这种做法虽然减轻了法院的负担，但仍未能让法院完全地从纠纷中摆脱出来，仍需要法院资源如人力、物力的投入。最近，这种模式在一些地方有了新的发展。比如，广东省广州市花都区在人民法庭里设立了“人民调解工作室”，由当地的司法所派出具有法律专业知识和基层调解经验的人民调解员驻庭工作。法院在立案接待时，将一些适合调解的案件，在征得当事人同意后，交给人民调解工作室进行调解。法官无须再涉及调解过程，大大减轻了工作负担。

2. 程序的对接

一是诉前委托调解。对于未经人民调解委员会调解的民间纠纷，当事人到法院起诉的，立案庭要主动宣传人民调解工作的特点、优势，告知并建议当事人最好首先选择人民调解组织进行调解。当事人同意接受调解的，立案庭将案件以“委托”等形式移交给人民调解组织。二是在案件诉讼过程中，对于有可能通过人民调解解决的，法院在征得当事人的同意后，出具委托人民调解书，将案件委托给人民调解组织进行调解。经调解，双方当事人达成协议的，可以向人民法院撤诉，由人民调解委员会制作人民调解协议书，也可以将调解协议提交人民法院确认。达不成协议的，则由人民法院依法审判。三是诉后协助和解。依托现有的人民调解网络，共同建立执行协调机制，由法院聘请人民调解员及相关人员担任协助执行员，协助法官做好辖区内涉及家庭纠纷、邻里纠纷等类型执行案件的执行和解工作。

现在全国许多地方都实行了程序的对接。比如，南京在2004年已经建立了固定的机制，当事人到法院立案诉讼时，立案庭根据案件的具体情况，从便民、利民的角度告知或建议当事人先经各级地方“调处中心”或人民调解组织调解，当事人同意的，暂缓立案，并且由法院与相关部门联系并将纠纷交由他们调解；如果调解不成，则及时引入诉讼程序。人民调解达成的调解协议，对当事人具有法律约束力，一旦一方当事人反悔引发诉讼，一般不支持反悔方诉请；对于经调处中心主持达成的以给付一定货币等为内容，并经公证机关公证具有强制执行效力的调解协议书，如债务人不履行，债权人申请执行的，法院将依法进入执行程序；诉讼中，双方当事人申请庭外和解或自行达成调解协议的，法院可以依法给予确认。

例如：

南京鼓楼法院受理了一起相邻关系纠纷案件，被告为一家烤鸭店，由于其擅自改变房屋原有的用途，把客厅改造成烤鸭炉，将二楼住户地面烤得温度很高，严重影响了二楼住户的生活。法官征得双方同意，向原、被告所在地上海路社区人民调解委员会发出“委托调解函”，社区人民调解委员会立即联系有关部门进行实地调查，经过多方的调解，原、被告达成调解协议，被告自愿在3日内自行拆除烤鸭炉并赔偿原告损失，双方和好如初。

（二）诉调对接的作用

实践证明，现代社会价值的多元化以及对当事人程序主体地位与程序选择权的尊重，需要“诉调对接”机制的存在。“诉调对接”让案件调解一步到位，既减少了当事人的诉累，又解决了执行的难题。“诉调对接”机制的出现，是解决国家司法资源有限性与社会纠纷多元化问题的有效举措。具体作用体现为：

1. 化解矛盾

社会转型时期，利益冲突多元化。现在农村土地承包纠纷、劳动关系纠纷、房地产纠纷、道路交通事故纠纷、医患纠纷等呈高发态势，当事人之间矛盾尖锐。如果单纯地一判了之，就可能造成“案结事不了”的局面。而通过调解，达成了双方当事人都满意的结果，也就使得矛盾冲突被化解。

2. 促进和谐

当前，人们的维权意识越来越强，但同时“无讼”的传统观念仍然根深蒂固。由于“诉调对接”程序的便利性、非对抗性，可以协调情理法的冲突，实现法律效果与社会效果的统一。实践证明，调解是化解矛盾纠纷、促进社会和谐的有效手段。

3. 缓解法院的压力

西方国家的现代化实践表明，案件增长是经济增长的一个附带产品，案件数量“起飞”是现代化过程中必经的一个阶段，且是一个长期存在的现象。20年来，全国法院每年受理的一审民事案件几乎增加了几十倍。在法官数量增加不多的情况下，法院担负的审判任务非常艰巨，法院受理案件的数量大幅上升与法院审判力量有限之间的矛盾日益突显。一线法官工作和心理压力空前加大，法院判决之后又不能完全定纷止争，上访问题成为困扰法院的一大难题。“诉调对接”将一部分化解矛盾的工作分流给社会力量，缓解了法官的压力，有利于法官集中精力审理重大疑难复杂案件。

4. 促进审判工作

由于加强了调解，法院的调解、撤诉率上升，当事人上诉案件减少，案件进入强制执行的比例下降。实践证明，实行“诉调对接”工作的法院，往往上诉少、申诉投诉少、移送执行少、发回改判少，案件的审判质量、效率指标都得到了很大的提高。

三、警民联调

一直以来，公安基层派出所每天都要应付大量的非警务纠纷，这已经成为困扰基层工作的一大难题，一定程度上影响了刑事打击和治安管理的效能。但是，群众利益无小事，很多纠纷如果处理不当，很容易由此形成治安、刑事案件，甚至酿成上访案件及群体性事件，对社会安定造成很大的冲击。因此，近年来，全国很多城市的公安机关逐渐意识到使用多种渠道化解民间纠纷的必要性，纷纷制定了“警民联调”的工作机制，即在基层派出所内设立人民调解工作室，解决公安110接警中属于民事纠纷的事件，实现人民调解与治安调解的有机结合，也为民间纠纷的调解创造出了一条新路子。经过实践检验，“警民联调”被证明是解决群众纠纷的有效手段。

深圳的罗湖公安分局早在2004年6月就已率先在桂园、黄贝两个派出所设立“人民调解委员会警民联调工作室”，24小时滚动值班随时化解纠纷。两个派出所的警民联调试点开展得非常顺利。2004年9月，罗湖公安分局在各派出所全面推行警民联调机制，67名联调员上岗后，24小时轮流在调解室上班，随时接受110报警台批转过来的民事纠纷。2005年3月，警民联调机制在全市公安机关进行推广，发生纠纷到派出所报警求助能得到及时、便捷、有效的调处，群众非常满意。

深圳的“警民联调”采取三种运作方式：一是独立调解，将民间纠纷交给调解员独立主持，调解结束后三方签订人民调解协议书；二是参与调解，对于矛盾比较尖锐、可能升级的民间纠纷，调解员邀请民警参与，共同主持化解纷争；三是合作调解，对于邻里纠纷引起的治安案件，民警和调解员分别就治安部分和赔偿部分进行调解。

近几年的实践证明，“警民联调”紧密贴近群众，运作快捷方便，满足了群众低成本、高效率解决问题的需求。争执双方握手言和，对立情绪得到化解，既增加了社会的和谐因素，减少了社会的不和谐因素，又密切了警民关系，真正实现了“为公安减压，为法院减负，为群众解难，为政府分忧”的多赢目的。

例如：

2006年12月15日，吴女士到某区一家医院检查，医生告诉她，检查不到腹中胎儿的位置，很可能是葡萄胎，有癌变的可能。吴女士一听就慌了，希望医生能想办法解决，医生便给吴女士做了无痛人流手术。吴女士回家十天后感觉肚子疼痛难忍，丈夫将她送往该市人民医院，确认为宫外孕，又动了一次手术。手术过后，吴女士经过多方面咨询确认第一家医院误诊，提出该医院应赔偿精神损失费等各种费用共计15万元。但该医院认为此要求太高，不同意赔偿。吴女士多次上门理论未果，便召集家属和朋友到医院闹事，医院正常工作秩序受到干扰，双方闹得不可开交。2007年3月12日，某派出所接到报警后，该所的民警和人民调解员马上联合起来对双方当事人进行细致的调解，最后于3月13日下午双方达成赔偿34 000元的协议，短短一天内就成功地将一起可能引发重大纠纷的事件消除于萌芽状态。

四、其他方式

1. 信访调解

我国的信访工作实行“分级负责、归口办理”的原则，基层接到来信来访后，由兼职工作人员将问题送交具体职能科室办理，如果问题无法彻底解决，就只有把案件转回信访工作人员，进行再次分派、协调、办理。因此，造成有些信访案件办理过程拖得时间过长，导致效率低下，让信访人员产生误解，认为是政府部门推诿扯皮，不愿解决问题。这些情况严重影响了干群关系，造成了当事人上访或是越级上访的现象。所以，现在许多地方都将信访工作跟人民调解工作结合起来，形成信访调解。由原来的单一处理转变为多层次联合协调，充分发挥人民调解的作用，变被动应对上访为主动下访排查，一方面疏导教育，另一方面又解决问题，及时将矛盾化解在萌芽状态，大大改善了政府与群众之间的关系，维护了社会的稳定。

2. 联合调解

对于群体性、突发性纠纷以及其他涉及面广、危害性大、后果严重等具有特殊性的民间纠纷，如由土地、山林、坟地、宗教信仰等引起的大型纠纷和群众性械斗，人民调解委员会往往会在当地党委、政府的统一领导下，联合其他地区或部门的调解组织、群众团体，以及各有关的职能部门，相互配合，协同作战。联合调解主要适用于调解跨地区、跨单位、跨行业的纠纷和久调不决有可能激化的纠纷以及单一的部门组织无力解决当事人合理的具体要求的纠纷，这些纠纷一般需要联合各个部门的力量来解决。

除了信访调解、联合调解之外，人民调解委员会也可能跟城建、房管、国土等职能部门的行政调解结合起来进行调解，这也是人民调解的受案方式之一。随着社会的发展，人民调解还将不断涌现出新的受案方式，但从目前来看，主要还是上述几种类型。

第五章　人民调解的程序

第一节　人民调解案件的受理

一、受理的原则

1. 合法性原则

合法性原则指的是人民调解组织在受理民间纠纷时，其受理范围、方式方法等应符合法律、法规、规章的规定。法律、法规规定不得由人民调解组织受理的纠纷，人民调解组织不得受理。在受理的过程中，调解组织也应当以事实为依据，以法律为准绳，分清责任是非，进一步做好调解工作。

2. 自愿原则

自愿原则指的是人民调解组织在受理民间纠纷时应在双方当事人自愿的基础上受理纠纷。无论是主动受理，还是申请受理，都不得强迫当事人接受人民调解组织的调解。这不仅保障了人民群众处分自身权益的自由，也体现了调解人与被调解人之间的平等关系，更容易被接受。

按照自愿原则要求，无论是调解程序的启动、调解进行的过程、调解程序是否终结，抑或是调解协议的达成，都必须尊重当事人的自主自愿，让当事人充分表达其真实意愿。人民调解组织主要是起主持和召集当事人进行协商的作用，不得以其他任何形式向当事人施压，迫使其继续接受调解。

3. 便利性原则

便利性原则指的是人民调解组织在受理纠纷时要给纠纷当事人提供方便。人民调解委员会是群众性组织，其主要任务就是调解民间纠纷，化解群众矛盾，这就决定了它应当实行便民利民的原则。这为调解组织公正、及时地解决当事人的纠纷，有效防止纠纷激化，提高调解的成功率提供了有利的保障。

便利性原则要求人民调解委员会在受理纠纷时应充分考虑到纠纷的管辖。根据当事人的具体情况、要求、纠纷的性质和涉及面的大小，及时确定管辖。一般情况下，纠纷的管辖应当以当事人居住地或纠纷发生地为标准进行划分。这样，既方便当事人就近就地参加调解，又便于调解组织迅速及时地查明纠纷的真实情况，调解达成协议后，也便于协议的履行。

根据《人民调解工作若干规定》第22条的规定，在调解民间纠纷时，由纠纷当事人所在地（所在单位）或者纠纷发生地的人民调解委员会受理调解。根据这一规定，一般民间纠纷的受理可分为两种情形：一是按照纠纷当事人所在地（所在单位）来确定受理纠纷的调解组织。适用这种情形的条件是双方当事人应处于同一辖区或单位内。当事人所在地指的是当事人的户籍所在地，居住地与户籍所在地不一致时，应以居住地为准，以方便调解工作的展开。二是按照双方当事人纠纷发生地来确定受理纠纷的调解组织。适用于因不动产发生的纠纷、因侵权行为发生的纠纷等。

《人民调解工作若干规定》第21条第2款规定："村民委员会、居民委员会或者企事业单位的人民调解委员会调解不了的疑难、复杂民间纠纷和跨地区、跨单位的民间纠纷，由乡镇、街道人民调解委员会受理调解，或者由相关的人民调解委员会共同调解。"根据这一规定，遇有疑难、复杂或跨地区、跨单位的民间纠纷的受理也可分为两种情形：一是由乡镇、街道人民调解委员会调解。二是共同受理，即对同一个纠纷由两个或两个以上相关的人民调解委员会受理。

在人民调解委员会受理纠纷过程中，遇到可能激化或者严重影响正常生产、经营的纠纷应当优先受理。

4. 主动与被动相结合原则

《人民调解工作若干规定》第23条规定："人民调解委员会根据纠纷当事人的申请，受理调解纠纷；当事人没有申请的，也可以主动调解。但当事人表示异议的除外。"依申请而进行的受理，是指纠纷当事人找到调解委员会请求受理并调解纠纷；主动受理是指人民调解组织发现纠纷后，及时主动进行受理并调解纠纷。

主动与被动相结合指的是人民调解组织在受理纠纷时，不仅要根据当事人的申请被动受理调解纠纷，而且还应变被动为主动，主动发现纠纷并介入纠纷的解决过程中，变事后调处为事先预防，及时把矛盾纠纷解决在当地、化解在基层、消除在萌芽状态。

二、受理纠纷的步骤

对于被动（申请）受理的纠纷，人民调解委员会应遵循一定的步骤做好相应的工作，包括接待当事人、审查当事人的申请、制作接待笔录、填写受理登记表，为介入调解做好准备。

1. 接待当事人

当事人申请人民调解委员会对其纠纷进行调解时，人民调解委员会应做好接待工作。主要是向上门要求调解的当事人了解有关调解的意向和纠纷的基本情况。

2. 审查当事人的申请

人民调解委员会在受理纠纷时要认真审查当事人的申请，对于没有法律、法规禁止事由的申请，应当受理。而对于当事人申请人民调解组织调解，经过审查又不符合受理条件的纠纷，人民调解委员会应当根据《人民调解工作若干规定》第24条第2款的规定，向当事人作出解释，并且告知当事人到相关部门要求处理。但对于随时可能激化的民间纠纷，应当在采取必要的缓解疏导措施后，及时提交有关机关处理。

3. 制作接待笔录

对于决定受理的纠纷，接待人员应认真制作接待笔录。接待笔录的内容至少应当包括由谁接待、接待的当事人姓名、纠纷事由、纠纷简要概况、当事人的要求、接待人签字等事项。

4. 填写受理纠纷登记表

对当事人提出的纠纷调解申请，经调解组织审查后，无论受理或不受理，都要填写受理纠纷登记表；对于涉及面广、跨辖区的疑难纠纷，要认真做好登记并移送有关部门处理。

第二节　人民调解前的准备

一、选定调解主持人

《人民调解工作若干规定》第25条规定："人民调解委员会调解纠纷，应当指定一名人民调解员为调解主持人，根据需要可以指定若干人民调解员参加调解。当事人对调解主持人提出回避要求的，人民调解委员会应当予以调换。"

人民调解委员会对于已受理的民间纠纷，应在正式调解前尽快确定一名纠纷调解主持人。在确定调解主持人时，要遵守有关回避的规定以维护人民调解的公正性。遇有下列情形的，调解人员应主动回避或根据当事人的申请回避：一是调解人员与当事人存在亲属关系；二是调解人员与当事人有其他关系，可能影响调解的公正性；三是调解人员与纠纷的处理结果有利害关系的；四是有其他正当理由的。遇有回避情形的，人民调解委员会应另行指定调解人员，或由当事人提名、双方都同意的调解员主持。

在确定纠纷调解人员时，应根据纠纷的复杂难易程度和调解人员的业务能力，综合考虑确定调解员的数量，对于调解难度较大的纠纷，可考虑根据需要指定若干人民调解员共同参加调解。此外，根据《人民调解委员会组织条例》

第7条和《人民调解工作若干规定》第27条的规定，可以邀请有关单位或个人参加。对于那些热心调解民间纠纷、在当地有较高的威望和影响力、有一定的法律知识和政策水平、平时能坚持正义并主持公道、语言表达能力强的个人，也可以根据纠纷的具体情形，邀请他们加入纠纷的调解工作。被邀请的单位或个人，应积极配合，共同做好调解工作。

二、调查核实纠纷

受理纠纷后，就要深入进行调查，充分掌握材料，弄清纠纷情况，判明纠纷性质和是非曲直。这是正确、圆满调解纠纷的前提，也是做好调解工作和达成调解协议的基础。根据《人民调解工作若干规定》第26条的规定："人民调解委员会调解纠纷，应当分别向当事人询问纠纷的事实和情节，了解双方的要求及其理由，根据需要向有关方面调查核实，做好调解前的准备工作。"

调查的内容主要是纠纷性质、发生原因、发展过程、争议的焦点、目前所处的程度以及证据和证据来源、当事人个性特征和当事人对纠纷的态度。重点是弄清纠纷的症结和事实真相的关键情节。调查的途径主要有：一是耐心听取双方当事人的陈述，了解纠纷过程和他们的真实思想和要求。二是向纠纷关系人、知情人和周围的群众做调查，进一步掌握其他有关情况，并印证双方当事人的陈述。三是到当事人所在单位了解情况，必要时可取得单位领导和有关人员的支持。四是有些纠纷还需到现场调查。五是有些疑难的伤害纠纷，还需请有关部门进行伤情检查鉴定，查明伤害程度。调查过程中，调解人员应当对调查情况作出详细的记录，必要时可以请被调查人写出书面材料。在广泛调查的基础上，进行综合分析，通过去粗取精，去伪存真，抓住纠纷的主要矛盾和矛盾的主要方面，对症下药，这样才能有效、顺利地调解纠纷。

三、拟订调解方案

在分析、判断纠纷事实和证据材料的基础上，拟订调解方案。调解方案大致应包括以下要素：①纠纷概况；②争执的焦点；③调解要达到的目的；④调解具体涉及的法律、法规、规章、政策条款；⑤调解过程中可能出现的问题及对策；⑥具体的工作方法和工作重点；⑦对调解可能达成的协议的基本设想。

调解的方案，一般应由担任调解的调解人员亲自拟订。对于疑难、复杂、易出现反复的纠纷，应事先做好多次调解的准备。在调解时，要根据实际情况的变化，灵活、有效地把握调解活动的进程。调解方案也可以由当事人提出，在确定好调解的时间、地点和方式后，应及时通知当事人。

第三节　人民调解工作的实施

一、确定调解的地点、规模与形式

1. 调解的地点

《人民调解工作若干规定》第28条规定："人民调解委员会调解纠纷，一般在专门设置的调解场所进行，根据需要也可以在便利当事人的其他场所进行。"人民调解委员会应当创造条件，设置专门的用于调解纠纷的场所，如人民调解室等。对于一些事实清楚、情节简单、争议不大的纠纷，或应当事人的要求，人民调解委员会从便利当事人的角度出发，也可以在其他场所，如当事人所在的车间、田间、地头、家里进行调解。对于疑难复杂的矛盾纠纷，则应当在专门的调解场所进行。

2. 调解的规模

对于一些比较小的纠纷或涉及隐私、不宜公开调解的纠纷，可由人民调解员主持，仅限于纠纷当事人参加。对于一些家庭纠纷，如婆媳不和、夫妻吵架、兄弟妯娌间的矛盾，以及赡养、继承、财产之类的纠纷，可由人民调解员主持在家庭范围内开调解会，必要时邀请他们的亲友、邻居参加，帮助调解。对于打架斗殴、遗弃、虐待、侵占、伤害、损害名誉等影响较大、教育意义较大的纠纷，还可以将参加调解会的人员扩大到村民小组、居民小组、楼院、车间等范围，以扩大教育范围。

3. 调解会的组织形式

开调解会，必须由纠纷当事人双方出席。纠纷当事人双方必须按人民调解组织通知的时间、地点出席调解会。调解会由人民调解员1~3人主持，小纠纷可由调解员1人主持，比较大的、复杂的纠纷，可由2人或3人主持。由2人以上主持的，应由调解小组或调解委员会明确指定1名调解员为调解会的首席调解员。

二、调解的主要步骤

1. 告知当事人的权利和义务

《人民调解工作若干规定》第30条规定："人民调解委员会调解纠纷，在调解前应当以口头或书面形式告知当事人调解的性质、原则和效力，以及当事人在调解活动中享有的权利和承担的义务。"

2. 双方当事人陈述

双方当事人对纠纷进行陈述并提出证据，以表达各自对纠纷责任的看法和解决纠纷的具体意见。调解人员要积极、耐心地引导当事人讲清事实真相，并在此过程中进一步查明事实，分清责任。

3. 进行调解

在听取了双方当事人的陈述后，调解人员应当依据纠纷当事人的特点和纠纷的性质、难易程度、发展变化的情况，采取灵活多样的方式方法，依据有关法律、法规和政策规定，对双方当事人进行耐心细致的说服、教育和疏导，帮助他们提高认识，解开思想上的疙瘩，消除对立情绪。在此基础上引导双方当事人就纠纷事实和责任交换意见，达成一致，使双方当事人重归于好。

在调解过程中，要密切注意当事人的情绪和周围情况的变化，及时发现纠纷激化的苗头，防止纠纷激化。对于已有激化征兆或易向恶性案件转化的纠纷，要及时采取必要的防范措施，以免当事人情绪失控，酿成恶性事件。

4. 达成协议

人民调解员应积极促使双方当事人互谅互让、引导帮助当事人达成调解协议。如果双方当事人已互谅互让，具备了达成调解协议的思想基础，调解人员就应该抓住时机，促成双方当事人达成调解协议。在实践中，达成协议一般有两种情况：一是双方当事人平等协商后，达成一致意见，从而解决纠纷；二是由人民调解委员会提出解决纠纷的建议，由双方当事人认可从而达成协议。

如果人民调解委员会在做了大量的工作后，纠纷双方仍未能达成一致意见的，调解人员可以提出合法、合情、合理的建议性解决方案，促使其在进一步协商后自愿达成调解协议。对于一次调解不成的，可以中止调解，延期继续进行调解。人民调解委员会还可以在做好调解工作的基础上，告知当事人向基层人民政府申请处理或向人民法院起诉。

5. 调解回访

调解回访指的是人民调解委员会主持达成协议后，应适时派人了解掌握协议履行情况，听取当事人和群众的意见，巩固调解成果。

《人民调解工作若干规定》第36条第2款规定："人民调解委员会应当对调解协议的履行情况适时进行回访，并就履行情况做出记录。"人民调解委员会在调解协议达成后进行适时的回访，有利于及早发现和解决出现的新问题，避免协议不能有效解决纠纷的情况出现。对于那些比较复杂、协议履行有难度的纠纷或者当事人思想不稳定、容易出现反复的纠纷，应当作为重点回访的对象。发现问题，及时解决，加强对当事人的说服教育工作。

上述调解工作的程序是相互联系、相互渗透的，不可机械地照搬套用或把各个程序割裂开来。在调解具体纠纷时，要具体分析。在确定步骤和方法时，要简便易行，讲求实效。

第六章　人民调解的方法

第一节　人民调解的一般方法

人民调解的一般方法是指在任何一种人民调解过程中都要使用的方法。《人民调解委员会组织条例》第 8 条规定："人民调解委员会调解纠纷，应当在查明事实、分清是非的基础上，充分说理，耐心疏导，消除隔阂，帮助当事人达成协议。"《人民调解工作若干规定》第 31 条也规定："人民调解委员会调解纠纷，应当在查明事实、分清是非的基础上，根据当事人的特点和纠纷性质、难易程度、发展变化的情况，采取灵活多样的方式方法，开展耐心、细致的说服疏导工作，促使双方当事人互谅互让，消除隔阂，引导、帮助当事人达成解决纠纷的调解协议。"上述规定体现了人民调解所要遵循的一般方法。

一、弄清事实真相，分清是非曲直

任何纠纷的公正解决都必须是在弄清事实真相的基础上才能实现。如果不清楚事实的真相，调解工作就无从下手，也就根本不能进行公正的调解。

在弄清事实真相之后，就要进一步分清是非曲直。民间纠纷的最终解决就是根据双方的是非曲直来确定责任。所以，如果不能分清是非曲直，不能确定谁对谁错，就不能确定由谁承担责任，或者导致调解不公。因此，对任何纠纷进行调解都必须分清是非曲直，明确纠纷当事人的是与非：是一方过错，还是双方过错，过错的原因是什么，以及这种是与非与法律和道德的要求有何冲突等。从而在此基础上确定责任承担者，并最终化解纠纷。

二、调查研究

要想弄清事实真相、分清是非曲直，必须对纠纷进行调查研究。可以说调查研究是弄清事实真相、分清是非曲直的唯一办法。由于在一般情况下，民间纠纷发生时，人民调解员并不在现场，并不了解纠纷发生的具体情况。因此，要想了解纠纷的真实情况，必须深入群众，向当事人、见证人进行调查，搜集证据，据此对纠纷进行分析、研究，形成对纠纷的正确认识。只有通过调查研究，才能使自己的认识正确地反映客观事实，弄清纠纷的真相。

特别是人民调解的规则不同于诉讼，人民调解组织不能强制性地要求纠纷当事人自行提供证据，不能采用诉讼制度的证据规则。要想了解事实真相，人民调解组织必须主动地去调查。

三、说服、疏导，消除隔阂

人民调解的性质决定了不管什么纠纷都要采取说服、疏导的方法。在调解过程中，人民调解员要运用国家的法律和政策，根据社会公德和民间风俗习惯的要求，对当事人进行说服、教育，耐心疏导，使当事人的思想觉悟提高，对纠纷形成正确的认识，理性地对待纠纷，互相谅解，消除隔阂，化解纠纷。

采取说服、疏导的方法，要求人民调解员必须把自己放在与当事人平等的位置上。只有这样，纠纷当事人才会接受人民调解员的说服、疏导。在调解过程中，还要保持诚恳、和蔼的态度，能耐心听取纠纷当事人的任何意见，并做到耐心地对纠纷当事人宣传国家的法律、政策。此外，要想保证说服、疏导的方法取得实效，必须要有针对性地对当事人进行说服、教育、疏导，从而让当事人有所触动。

第二节　人民调解的具体方法

人民调解的具体方法，就是在调解过程中，根据不同纠纷的性质、特点、难易程度、发展状况而采取的不同的调解方法。不同的民间纠纷，存在着影响纠纷的不同因素。因此，在进行人民调解的过程中，除了按照人民调解的一般方法进行调解外，还必须针对不同的纠纷根据其具体情况采取不同的调解方法，而不能一成不变。对此，《人民调解工作若干规定》第31条也规定："人民调解委员会调解纠纷，应当在查明事实、分清是非的基础上，根据当事人的特点和纠纷性质、难易程度、发展变化的情况，采取灵活多样的方式方法。"根据人民调解的实践，人民调解的具体方法主要有：

一、面对面调解法

面对面调解法就是把纠纷当事人叫到一起，当面摆事实、讲道理，达成调解的方法。

例如：

小张（7岁）和小李（5岁）本是经常在一起玩耍的好朋友。但有一次在嬉戏中两人忽然争吵起来，继而互相推搡，小张朝小李腹部踢了一脚。经诊断，小李有少许尿道出血现象，打过针后，医生开了药让小李回家疗伤，张父当场支付了医药费共 187.60 元。但次日李母要求张母陪同复查时，张母没有同意，使得李母十分气愤，甩下几句威胁的话转身带女儿走了。张母在家越想越害怕，一方面担心医疗费用可能会越来越多，另一方面更害怕李家报复自家小孩。于是，她来到了社区调委会申请调解，希望一次性解决这场纠纷。调解员热情地接待了她，听她简要地叙述后，调解员意识到这虽是件小事，但若不及时处理，也可能酿成更大的纠纷。于是，调解员作出受理决定，约定等李家回来，征求其同意后再进行调解。下午 3 点，双方家长和小孩都来到社区调解室。仔细听完当事人陈述，并且查看了医院诊疗病历和复查情况后，调解员得知小李的伤已无大碍，于是对调解结果已心中有数。此时，双方家长仍是各持己见，张家表示自己仅靠在街边摆摊维持生计，家境困难，昨天已经支付了一百多元治疗费，现在实在拿不出钱来。李家却不仅坚持索要检查费，而且还要求给小孩适当的营养费。调解员见状从情、理、法多方面对双方进行讲解和规劝。未成年人小张对小李身体造成伤害，父母作为其监护人依法应当赔偿医疗费。另外，小孩经常在一起玩，拌嘴打架在所难免，既然小李经复查已痊愈，张家又确实经济困难，营养费就不用支付了，大家应互谅互让，各自教育好自己的孩子，尽量减少这类事情的发生。经过数番耐心调解，双方终于达成协议：由张家支付小李医药费共计人民币 210.90 元，双方保证以后不再因此事发生争执。几天后，调解员回访得知张家已经履行协议，而两个小孩儿又和好如初了。

该案例中，由于双方当事人之间并没有太大的冲突，而且纠纷的后果也不是很严重，从而有了面对面调解的基础。正因为如此，调解员直接在双方家长和小孩都在场的情况下，通过面对面地倾听当事人陈述、查看医院诊疗病历和复查情况，从情、理、法多方面对双方进行讲解和规劝，并最终经过数番耐心调解，促使双方达成协议。

可见，面对面的调解方法一般是针对简单的纠纷来使用的，或者双方当事人分歧不大，或者矛盾不尖锐，或者当事人之间有着一定的感情基础。像家庭、婚姻、邻里、同事、朋友之间的纠纷大都可以运用此方法。这些纠纷并不是很复杂，容易处理。所以，让当事人面对面地各自说出对纠纷的态度和要求，可以进行更好的沟通，也容易明确双方的分歧，从而进行调解。

进行面对面地调解，人民调解员一定要能够控制整个调解的过程，要保证调解在人民调解员的主导下进行。如果面对面地调解可能导致局势失控，此时，人民调解员一定要注意把握时机，使调解转为背靠背调解。

二、背靠背调解法

背靠背调解法就是在调解时，不让当事人进行直接地沟通，而是由人民调解员分别对当事人进行说服、教育，使双方不断让步，分歧逐渐缩小，从而达成调解的方法。

例如：

某有限公司与张某签订房屋租赁合同，由于张某拖欠租金和水电费 4 个月，某有限公司根据合同约定条款解除了与张某的房屋租赁合同，双方签订了解除房屋租赁合同协议书。现某有限公司根据解除合同协议书收回租赁物，限张某在一定期限内交清租金和水电费，办理搬迁手续，并愿赔偿 4 万元作为一次性补偿金，而张某则要求其补偿 50 万元。为此，某有限公司与张某之间因合同纠纷引发了激烈的矛盾冲突，双方请来一些社会闲散人员在公司门前对峙，试图用暴力方式来解决问题。

街道和派出所等部门迅速赶到现场，经多方做工作，避免了恶性事件的发生，双方同意通过调解方式来解决。最终，街道综治办、司法所、派出所和社区工作站人员在该公司二楼会议室就双方合同纠纷进行调解。

在调解过程中，双方就补偿金数额的问题展开了激烈的争论，但因各自都不肯作出让步，双方僵持不下。观察其主要原因，双方存在很强烈的对抗情绪，如继续调处，双方对抗情绪会越来越强烈，这样只会使情况变得更糟糕。于是，调解人员马上改变策略，分别叫开双方当事人，在小房间里分别给当事人做思想工作，分析其利弊关系，很快僵局被打破，双方愿意作出让步，调解员趁势追击，以法理相结合的方式反复调处，终于促使双方达成协议：由某有限公司一次性补偿一定金额给张某，店内所有设备归某有限公司所有，店内所有货物归张某所有，双方当场签订了协议书。一场由合同引发的纠纷被巧妙化解。

上述案例中，由于矛盾纠纷比较激烈，双方明显存在着很强烈的对抗情绪，都不肯作出让步。尽管人民调解员尝试着采取面对面的方法进行调解，但效果不理想。在这种情况下，人民调解员采取背靠背的调解法，分别叫开双方当事人，在小房间里分别给他们做思想工作，分析其利弊关系，打破僵局，促使双方作出让步，并最终达成协议。

背靠背调解法一般针对当事人之间对抗比较激烈，双方的“火气”都很大，情绪波动厉害，双方对事实的认识出入也很大，分歧也较大，难以沟通的纠纷。在这种情况下，双方当事人面对面地摆事实，讲道理，不但互相听不进去，反而会使纠纷加剧。因此，人民调解员要分别倾听当事人对纠纷的看法和各自所持的态度，考察双方的共同点和差异，寻找调解的突破口，然后分别对双方当事人进行说服、教育，逐步使双方的分歧缩小，并形成双方都能接受的调解方案，促使调解成功。

三、赞扬激励法

赞扬激励法就是通过对纠纷当事人的优点和长处的表扬激励，从而调动当事人的积极性，使当事人接受调解的一种方法。赞扬激励法可以起到以下效果：

(1) 平稳当事人的情绪。由于喜欢接受表扬是每个正常人固有的心理特征，每个人都希望得到别人的支持和肯定，而对批评一般都比较反感。因此，当纠纷出现后，人民调解员通过对当事人的表扬激励，可以使当事人的心理抗拒降低，使当事人激动的情绪趋于平静，这样，就可以为调解工作创造一个良好的氛围。

例如：

张某对外散布谣言说李某和赵某有不正当关系。为此，李某大怒，拿起菜刀就要和张某拼命，如果不制止的话，后果将十分严重。人民调解员闻讯后急忙赶来，首先夺下李某的菜刀。在不了解事实真相的情况下，对李某说："人们都知道你是个明白人，是清清白白的，遇到这种事应该冷静，否则做出傻事来后悔也来不及。"又说："你的为人，大家都清楚。你何必太冲动呢？我一定调查清楚事情的真相，还你一个公道。"最终，在人民调解员的劝解下，李某的情绪平稳下来，没有再去找张某，而是交由人民调解员处理。

该案例中，人民调解员针对李某情绪激动这一状况，首先决定先稳定李某的情绪。通过赞扬激励法，人民调解员借人们的口肯定了李某的为人，使其激动的情绪有所缓解。接着进一步借助大家的评价，劝解李某要冷静，要查清真相。从而使李某激动的情绪恢复正常，并接受了人民调解员的建议。

(2) 缩短人民调解员和当事人之间的距离。采用赞扬激励法还可以缩短人民调解员和当事人之间的距离，赢得当事人的信任，从而有利于调解。由于纠纷当事人之间的利益是对立的，相互之间的想法是不同的，因此，他们之间很难在纠纷过程中照顾到对方的情绪，一般都是说些不中听的话，而不是表扬、赞美对方，从而导致言语激烈，很容易伤害对方，结果就可能导致纠纷激化。而人民调解员作为独立、公正的第三方，其赞扬的话容易引起当事人的共鸣，从而人民调解员也就能够取得当事人的信任，并会被当事人看作是"一伙的"。也只有取得当事人的信任，当事人才会容易接受人民调解员的劝解。而当事人也会较平静地向人民调解员讲述自己的观点，表明自己的态度，调解也就容易取得成功。

例如：

老刘被孙家的狗咬伤，要求孙家为其花钱治疗。孙家交付了第一次治疗的医药费。而老刘再次治疗的时候，孙家就不肯再出医药费了。为此，双方产生争执，矛盾冲突一度升级。人民调解员介入后，首先对双方当事人依法进行调解，特别是向孙家讲解饲养动物造成他人损害要承担责任的民法的有关规定，又对孙家的主人孙某说，“老刘第一次治疗的时候你及时交付医药费是非常正确的。特别是在当时你并不知道法律规定的情况下那样做，表明了你是凭良心做事，也表现出了你作为一个共产党员所具有的良好的素质。但老刘随后也是因为被狗咬伤未痊愈才继续治疗的，你也应该承担医药费，否则，就很难让人尊敬你了。”最终，孙家承担了相关费用。

该案例中，人民调解员根据孙家的所作所为，公正客观地评价了孙某的优秀品质。使得孙某感到人民调解员看到了他的闪光点，从而信服人民调解员，愿意接受人民调解员的调解。

(3) 通过赞扬激励法，还可以堵住当事人反复的后路。对当事人给予肯定的评价，会使当事人以此为衡量自己行为的标准，从而不会做出与此相悖的行为。

例如：

甲和乙早年离异，其三岁的孩子小兵随母亲乙一起生活。甲一直未再婚。当甲年老后，要求小兵对其尽赡养义务，遭小兵拒绝。人民调解员知道后，主动介入，找小兵谈话。首先对小兵进行婚姻法的教育，随后了解到小兵很孝顺，对母亲早逝未能尽力尽孝感到遗憾和愧疚。基于此，人民调解员及时对小兵劝解到，“大家都知道你是个孝顺的孩子，因此你未能孝顺母亲的遗憾可以通过孝顺你父亲来弥补。而且你父母离异有他们自己的原因，你不能因此就不赡养你父亲！婚姻法也规定你有义务！如果你不赡养，别人怎么看你？而且你以后还会遗憾和愧疚的。”最后，小兵对甲予以了赡养。

该案例中，人民调解员抓住小兵孝顺的优点进行劝解，对其说明如果不赡养甲将来也会遗憾和愧疚这一事实，从而让小兵有所触动，决定赡养甲，也使小兵以后不致反复。

当然，使用赞扬激励法也需要注意技巧：①不能进行无中生有的奉承或进行虚伪的称赞。对当事人的赞扬应该是针对当事人实实在在、真真切切的优点或长处，是当事人自己认可的闪光点。如果是进行无中生有的奉承或进行虚伪的称赞，可能会被当事人误解，以为是讽刺，最终不信任你，导致事情复杂化。要做到切实的赞扬当事人，需要对当事人有一定的了解，因此，调解之前，一定要尽量熟悉当事人，分析当事人的性格特点。②对当事人的赞扬、激励要注意分寸，即对当事人的赞扬、激励要恰如其分，不能夸大。否则，会被当事人怀疑你的真诚，影响调解的效果。③人民调解员可以选择多种多样的赞扬方法。可以直接肯定当事人的优点，这样产生的效果更直接；也可以通过间接表扬的方式达到预想的效果，如可引用当事人尊重信任的其他人对他的评价，也可引用大家对他的一致看法，甚至引用对方当事人对他的客观积极的评价。

四、换位思考法

换位思考法就是在解决纠纷时，要从不同的立场、角度、高度、层次进行深入细致的分析和研究的一种调解方法。通过该方法做到考虑周全，使问题解决彻底，不留后遗症。换位思考法一般针对刚愎自用、固执己见、爱争强好胜的纠纷当事人而使用。

换位思考法主要适用于两个方面：一是人民调解员的换位思考。人民调解员要站在当事人双方的立场和角度，寻找全面解决纠纷的适当方法。二是当事人之间的换位思考。人民调解员引导、启发当事人相互之间进行换位思考。

（一）人民调解员的换位思考

人民调解员在调解民间纠纷时站在当事人双方的立场和角度进行调解是非常重要的。因为人民调解员在进行调解时，只有从当事人双方的立场和角度来看事情，才能真正理解他们的感受及想法。这样才能知道怎样去进行调解，不至于在调解时引起当事人的对抗。只有站在当事人双方的立场和角度与当事人进行真诚交流，让当事人感觉到调解员是从当事人的利益出发，这样他们才会信任人民调解员，从而消除对人民调解员的抗拒心理，调解才能取得成功。

例如：

小芳自幼父母离异，一直跟随母亲生活。现要上初中了，可母亲以生活困难为由不让她继续上学了。于是小芳找到人民调解委员会，希望能帮她说服母亲让其读书。尽管人民调解员多次劝说，小芳母亲就是不让小芳继续上学。这时，调解员没有气馁，而是考虑到应该是自己没有说到点子上，因而没有打动小芳的母亲。于是思索怎样才能说服小芳的母亲，小芳的母亲心里想的是什么呢？每个母亲一定都希望自己的孩子比自己生活得更好。如果自己站在小芳母亲的角度来调解，会怎么样呢？于是，调解员不是劝说小芳的母亲，而是和她聊天。当聊到小芳的母亲因为自己没技术仍然受穷而村里其他人因为懂技术有文化都富起来时，调解员趁机劝说小芳的母亲，一步一步地引导小芳的母亲："你为什么不让小芳上学呢？因为你家里生活困难。为什么你家里生活困难呢？是因为你没文化。如果你不让小芳上学，小芳也会没有文化，将来过得可能会比你还苦，你的今天也就是小芳的明天。"调解员的这些话对小芳的母亲触动很大，她终于同意让小芳继续上学。

该案例中，人民调解员就是通过换位思考，设身处地地站在当事人的角度感受、分析当事人可能的想法，最终说服当事人，使调解取得了很好的效果。因此，人民调解员运用换位思考法是非常必要的。如果人民调解员在调解时不了解当事人的立场、感受及想法，只是为了急于追求调解成功而硬性调解，那么成功的几率是很小的，甚至会引起当事人的不满。

人民调解员采用换位思考法进行调解，也可体现在调解协议的达成过程中，即在提出调解方案或引导当事人达成调解协议时，站在当事人的立场，设身处地、将心比心地思考矛盾产生的原因、解决问题的关键和当事人所能接受的向对方让步的底线，从而提出当事人都能接受的调解方案，或促使当事人达成调解协议。

（二）当事人之间的换位思考

人民调解员在调解民间纠纷时，除了自己站在当事人双方的立场和角度进行调解外，还要引导、启发当事人之间进行换位思考。只有这样才能使调解顺利进行。

例如：

某一青年歌唱演员，在某一住宅小区租了一套房子，每天晚上都要练唱练到深夜两三点钟，搅得居民都无法安睡。大家纷纷向调委会反映，于是人民调解员劝说该青年歌唱演员不要影响大家休息，该青年歌唱演员也听从了劝解。可没过几天，又恢复如初。于是人民调解员又进行劝解，如是反复几次。最后，人民调解员对该青年歌唱演员说："如果你经常半夜被人烦扰，不能好好休息，你会怎么想？"该青年歌唱演员翻然悔悟，不再扰民。

该案例中，人民调解员在多次劝说无效的情况下，通过提出适当问题的方式，让当事人自己去体会对方的感受，从而使当事人从思想根源上转变看法。这就是当事人之间换位思考方法的运用。

作为民间纠纷的当事人，一般都会存在着自私自利的思想，都想在纠纷中获得最大利益。因此，在纠纷调解过程中都只为自己着想，互不相让，这样就容易造成矛盾激化，不利于纠纷解决。但是，如果人民调解员引导、启发当事人在考虑自己得失的同时，也站在对方的立场上替对方利益着想、体会对方的感受，以真诚换取真诚，以信任换取信任，就会为当事人营造相互融通的心理氛围，便于纠纷的调解。这正如俗话所说的"要想公道，打个颠倒"。

人民调解员在采用引导、启发当事人相互之间进行换位思考的方法进行调解时，一方面要求当事人从公正客观的角度出发考虑纠纷的具体情况，寻求合理的解决方法；另一方面要给当事人描述对方的处境，讲述当事人所不了解的对方的苦衷，并通过类似“如果你是对方，会怎么办”或“如果你是对方，会怎么样”或“如果你的亲属是对方，会怎么样”的假设性问题引导当事人思考对方的立场、感受和想法。值得注意的是，人民调解员引导、启发当事人相互之间进行换位思考，并不是直接告诉当事人对方的想法及感受，而应当是通过告知对方的处境等背景资料和不断提出适当的问题的方式进行引导，使他自己体会对方的感受，得出正确的结论。这种主动的思考可以减少由于当事人对调解员的抗拒或不信任可能对调解造成的消极影响。

人民调解员采用换位思考的方法，要给当事人灌输凡事都要全面看问题的观点，告诉当事人面对纠纷既要考虑自己的理由和利益，又要考虑对方的想法和感受。只有双方设身处地地想一想对方的利益，才会感觉到对方的想法也是情理之中的事，这样才能进行有效的沟通。换位思考，实质上是促使双方相互理解，消除对抗情绪，从而达成和解的有效途径。

五、苗头预测法

苗头预测法就是要求人民调解员要随时掌握纠纷发展、变化的客观规律，特别是纠纷当事人的思想和行为不断变化的特点，找出纠纷发展、变化的原因，及时确定预防、解决纠纷的对策，把纠纷化解在萌芽状态。

例如：

村民宋某与村民李某前后邻居，但一直不和。因李某垫高自家院子导致宋某家旁边的排水沟被堵住。由于天降大雨数日，排水沟内积水导致宋某家的房子被泡在水里，随时有倒塌的危险。村调解委员会在矛盾纠纷排查过程中发现了这一问题，立即着手进行解决。调解员经过对其宣传民事法律的相关规定、耐心细致地对其做思想工作，使可能激化的矛盾最终平息下来。

该案例中，在双方纠纷没有发生之前，人民调解委员会及时发现问题，面对将要发生的危险，果断介入，终于避免了纠纷的发生。

运用苗头预测法解决民间纠纷是人民调解“防调结合，以防为主”工作方针的具体要求。要做到“防调结合，以防为主”，必须及时掌握纠纷发展、变化的客观规律，发现纠纷发展和深化的苗头，洞察纠纷当事人思想和行为不断变化的蛛丝马迹，及时有针对性地采取措施，进行积极的疏导，把矛盾解决在萌芽状态，防止其扩大和激化。

运用苗头预测法是目前解决民间纠纷的一种非常重要、有效的方法。由于我国民事主体的利益和要求日趋多元化，使得我国目前民间纠纷表现为易激化的特点。纠纷不断增多，新的、复杂的纠纷不断出现，有些纠纷极易出现反复，难以调解。成功地运用苗头预测法能够主动地掌握这些纠纷的发展态势，面对可能发生的复杂情况可以及时采取措施并解决，从而预防复杂、激化、严重态势的发生。

苗头预测法的运用需要人民调解员必须有“纠纷具有复杂性、预防工作具有艰巨性和长期性、遏制纠纷继续发展和扩大的重要性”的认识，并在思想上高度重视，有意识地观察和分析苗头性问题。要做到这一点，人民调解员必须具备敏锐的信息意识，要善于发现信息、搜集信息，捕捉其中的带有倾向性、苗头性的信息。在预测苗头时，还要注意对纠纷的变化有影响的因素，并区分不同的纠纷进行具体分析。

苗头预测法的运用并不只是简单地把纠纷变化的苗头预测出来，更关键的是，人民调解员对预测出来的纠纷发展的苗头要给予高度重视，并及时积极行动起来，进行妥善地处理，把苗头抑制并消除在萌芽状态，防患于未然。如果预测到了纠纷变化的各种苗头后，不去积极预防，反而是“一拖二躲三搪塞”，只会使纠纷越来越复杂，越来越难处理，并使人民调解员的信誉受到影响，最终失去当事人的信任。

六、抓住主要矛盾进行调解法

抓住主要矛盾进行调解法是指人民调解员在进行调解时，依照纠纷的具体情况，抓住纠纷发展过程中起决定作用的矛盾进行调解的方法。抓住主要矛盾进行调解一般表现为抓住当事人最关心的核心问题。

有些民间纠纷是极其复杂的，有时表现为发生的原因错综复杂，有时表现为在纠纷中存在多个矛盾，特别是在群体性的纠纷中表现得更为突出。一般来讲，在一个纠纷中存在的多个矛盾之间往往有着千丝万缕的联系，其中一个矛盾解决了也就意味着其他矛盾也随之解决，或者欲解决某一矛盾要以其他矛盾的解决为前提。此时，人民调解员要通过全面了解纠纷情况，发现对解决纠纷起关键作用的主要矛盾，抓住主要矛盾进行调解，这样也就等于抓住了调解工作的重点或关键，就会使得调解工作不至于“胡子眉毛一起抓”，显得毫无章法，而是有的放矢，提高效率，使调解工作得以顺利进行。

抓住主要矛盾进行调解，是事物发展的客观要求，它符合唯物辩证法的基本原理。只有抓住主要矛盾，才能把握纠纷的本质和发展趋势，并带动和促进其他矛盾的解决。同时，抓住主要矛盾进行调解，能够掌控纠纷的发展和变化，抓住主动权，并有针对性地化解纠纷，提高效率。否则，就会使调解工作无所适从，不知从何下手，或者不分轻重缓急，被动应付。可见，抓住主要矛盾进行调解法是一种非常有效的工作方法。

例如：

村民李某承包村里一份土地种植花卉后，竟多占土地建房出租。村长多次找其协商让其退还多占土地并给村里补偿，或者就多占土地按工业用地标准补交租金及水电费，李某认为他这么做前任书记和村长都没有反对，故不同意。于是村委会对其停水停电，导致其花卉枯萎。李某找到镇调委会要求解决，经过调查，调解员认识到这次纠纷发生的原因是李某的思想上转不过弯来，如果做好李某的思想工作，其他问题也就解决了。于是，调解员对李某宣传我国的土地承包法，又对其进行动之以情、晓之以理地劝解，最终让李某和村委会达成了协议。

该案例中，调解员抓住做好李某思想工作这一主要矛盾来进行调解，使李某认识到自己的错误，从而接受了村委会的意见，村委会也对其恢复了水电供应，纠纷得以彻底解决。

采用抓住主要矛盾进行调解法，人民调解员必须立足于对纠纷的全局和整体的深刻认识和准确把握。只有正确把握和认识纠纷的全局和整体，才有利于发现主要矛盾。而要做到正确把握和认识纠纷的全局和整体，一方面要注重调查研究，尽可能全面搜集与纠纷有关的资料。另一方面，人民调解员还要善于观察、洞悉，准确把握影响矛盾纠纷的主要问题。此外，人民调解员还必须站在"旁观者"的位置上，保持客观中立的立场。只有这样，人民调解员才不会受环境影响，不会被纠纷当事人的情绪所影响，从而保持冷静的头脑，在纷繁复杂的纠纷中快速理顺来龙去脉，抓住影响纠纷的关键，及时解决。

例如：

王家与周家承包的土地相邻，王家一直认为周家侵占了自己的承包地，导致两家纠纷不断，矛盾逐步加剧。人民调解员介入调解，但从合同的内容和当事人陈述上无法作出判断。为了找出矛盾的症结，人民调解员亲自到承包地进行勘测，终于找出问题所在，原来是合同不规范造成了纠纷的发生。由此入手，最终使矛盾得以解决。

该案例中，人民调解员针对是否侵占承包地这一问题首先向当事人了解情况并查看合同。在无法判断的情况下，又深入实地丈量土地，经过仔细的核算，终于发现是合同交代的不清楚导致当事人的认识有所偏差。并针对实际勘察的结果对当事人作了说明，最终真相大白。正是人民调解员保持冷静的头脑，通过耐心细致的观察准确把握了影响纠纷的主要问题，才使问题得到解决。

人民调解员要想运用好这一调解方法，首先必须坚持自己所确立的调解工作的重心，排除各种干扰。在措施上，要注意采取有效措施集中力量解决好主要矛盾，包括寻求有关积极力量的支持。同时，人民调解员还要注意根据纠纷的发展变化，及时察觉主要矛盾和次要矛盾的转化，调整自己对主要矛盾的认识，修正调解方案，时刻有效地掌握调解工作的主动权。

抓住主要矛盾进行调解，只是意味着人民调解员要分清工作主次和轻重缓急，安排好调解工作的重心和解决问题的顺序。因此，抓住主要矛盾进行调解并不意味着忽视次要矛盾的解决。因为，有时次要矛盾解决不好，会导致次要矛盾激化，从而使纠纷变复杂。所以，人民调解员在调解民间纠纷时，不仅要抓主要矛盾，把握关键，还要统筹兼顾，注意处理好次要矛盾，即遵循哲学的一般原理：抓重点，带一般。

七、抓住关键人物法

抓住关键人物法就是抓住纠纷当事人中起关键作用的人物，首先对其进行说服、劝解，让其接受某一调解结果，从而带动其他当事人接受调解结果的方法。

在某些群体性的纠纷中，某些当事人往往并不对纠纷的性质、事态产生多大影响，他们往往是追随着某些当事人，听从或者参考这些当事人的意见。因此，在调解时只要集中力量，突破这些“关键”当事人的防线，那么整个纠纷也就容易解决了。

例如：

某水产贸易有限公司在一村庄附近抽取地下水，结果造成地质下陷，该村38间房屋不同程度遭受损害，引起水产贸易有限公司与该村的矛盾纠纷。当地人民调解委员会知道这一情况后，赶往现场，了解情况，告诉村民如果进行诉讼的话，则要自己出资聘请地质部门对当地进行地质鉴定，同时还要证明抽水与地质下陷之间存在着因果关系，这是比较困难的。而如果接受调解的话，则可能得到双方都满意的结果。最终，双方当事人都愿意接受调解。人民调解员在调解过程中，除了对群众进行法律、法规的宣传外，还认识到如果对每个村民都一一进行调解，难度会很大，也会增加负担。在调查过程中，人民调解员发现有两户村民甲和乙在当地村里群众基础好，有发言权，于是集中力量首先做好这两户村民的思想工作，与这两户村民达成了调解协议。最终在这两户村民的带动下，38户村民都与水产贸易有限公司签订了赔偿协议。水产贸易有限公司共赔偿38户村民16万元，其中最高获赔达3.6万元。

该案例中，村民甲和乙是这起纠纷的关键人物，其他村民都跟随着这两户村民行事，如果这两户村民的问题解决了，其他人的问题也就自然解决了。发现这一现象后，人民调解员马上调整调解方案，集中力量做好这两户村民的思想工作，终于使这起群体性纠纷得以圆满解决。

八、模糊处理法

模糊处理法是指人民调解员对矛盾进行调解时，对当事人之间的一些非原则性的问题，并不进行细致的分析和探究，而是粗线条地作出处理，也就是人们常说的“宜粗不宜细”。

由于民间纠纷所涉及的某些事实并不能清晰地进行判断，如果在这些枝节问题上斤斤计较反而会影响调解的效果，采用模糊处理法就可以避免这些问题。模糊处理法并非无原则地调解，它同样需要建立在以法律和政策为依据，分清是非责任的基础上。针对矛盾纠纷的不同情况，可以采用不同的模糊处理方法。

1. 模糊表述

在纠纷的调解过程中，难免会碰到一些不宜作出非此即彼判断的问题，如果一定要态度鲜明地表态是不现实的。此时，就应进行模糊表述。而且，现实生活中大量现象的模糊性以及人的某些认识的模糊性，也决定了某些问题模糊表述的必要性。这在纠纷调解时更是如此，特别是对一些一时难以分辨或难以启齿的问题，运用模糊表述的方法效果会好一些。

例如：

甲乙两人是一对感情很好的夫妻。乙怀孕后，由于平时不小心，导致了胎儿先天畸形。乙为此很内疚，感到对不起丈夫甲，于是决定拿掉孩子。为了不增加丈夫的心理负担，乙没有将这件事告诉丈夫甲。甲知道后，非常愤怒，与乙大吵一顿。乙感到很委屈，也不解释，而是恶语相向，说甲没男人味，不值得她稀罕，随便找一个也会比他强。最后，甲找到调解员讲述了他们夫妻争吵的事情，让调解员评理。

在这种情况下，调解员并不了解事实的真相，如果仅根据甲的陈述就贸然说谁对谁错肯定会导致严重的后果，但调解员又不能不发表意见。于是，调解员并不直接说谁对谁错，而是说：“孩子没有了，谁都不好受。都讲一些过火的话是难免的。我想你肯定也说了过头的话。现在关键是要先弄清楚她为什么要拿掉孩子，说不定她有苦衷呢！”

最终，在调解员的劝说下，甲情绪稳定下来，并通过调解员了解了事情的真相。

在这里，调解员实际上是对事情本身进行了实事求是的评价，以便让甲感到调解员是理解他的。同时用模糊的语言回避了甲要求评理的做法，而是强调要了解事实真相，从而避免了调解员直接表态会导致出现错误的不利后果。

2. 双方信息的模糊传达

对于那些当事人双方意见分歧较大、情绪波动大、对抗较严重的民间纠纷，人民调解员对于双方陈述的事实、表达的要求要适当“过滤”后再传达给另一方。这样就可以避免当事人的分歧和对抗升级。如向一方当事人转述另一方当事人对事实的看法和意见时，如果有对另一方当事人不满的话语、偏激的词语，可“过滤”掉而不向这方当事人转述。

例如：

甲乙两人是邻居，经常因一些鸡毛蒜皮的事争吵而不和睦。有一天，甲家的鸡飞过墙头吃了乙家晒在院子里的谷子，导致两家冲突加剧，互不相让。人民调解员介入调解，了解双方的态度。乙家说：“甲家在村子里蛮横不讲理是出了名的，这次一定要他家服软，给我家赔礼道歉，还要赔偿我家的损失。”对此，人民调解员就不能将原话，特别是乙家对甲家的怨气告诉给甲家，否则只会加剧矛盾，不利于调解，而只能结合法律强调乙家的要求劝解甲家接受。

当然，双方信息的模糊传达并不是说人民调解员可以随意地传达当事人双方的信息，如果过于模糊导致传达的信息脱离了当事人的原意或者引起对方的错误认识，则会对调解产生负面效果。因此，双方信息的模糊传达不能太过离谱，只能把它看作是当事人进行交流的一种方式，要保证其以不违背一般的道德规范、当事人也能接受为原则。

3. 模糊调查

人民调解员在调查纠纷的具体情况时，特别是在了解纠纷的具体事实时，不要试图把纠纷发生过程中的每一个事实、每一个细节、当事人的每一个行为以及所说的每一句话都调查得清清楚楚，有时没有必要也不可能。只要基本脉络清晰，足以分清是非责任就可以了。

例如：

小王与小李经人介绍认识并确立了恋爱关系。双方在往来过程中小王给小李送过彩礼和不少其他财物。后两人分手，小王向小李提出退还彩礼和财物，小李拒不退还。为此双方产生纠纷，并不断激化。人民调解员在进行调解时，认为小王经常性地给小李送财物的事实和数量是难以调查的，于是决定对这部分不再坚持调查。通过对小王讲解婚姻法关于恋爱期间的往来财物视为赠予的规定，让小王放弃退还这部分财物的要求。而对彩礼的金额则找到了双方的家长及相关人进行了调查核实并了解清楚，又对双方当事人讲解彩礼应当返还的法律规定，促使双方达成了返还彩礼而不追究财物的协议，使纠纷得以圆满解决。

本案例中，人民调解员就采用了模糊调查的方法调解了纠纷。由于双方往来的财物核实起来比较困难，而且也不可能准确，再加上女方不认账，人民调解员如果在此事上非要弄个水落石出的话，那调解工作将很难开展下去。于是人民调解员没有坚持对其进行很细致的调查，而是通过法律的相关规定让当事人放弃这部分要求。而对于容易调查的彩礼，人民调解员进行了细致的调查，明确了金额，结合法律的规定，明确了双方的责任，使调解得以成功。

4. 模糊调解

模糊调解强调在调解过程中，人民调解员只要在大是大非的基础上，使当事人双方的权利和义务得到保障和明确，协议得以达成就可以了，不需要对任何问题都要求查证属实并严格区分责任。当然，模糊调解并不等于“和稀泥”，调解的基本原则还是要坚持的，谁是谁非也必须分清楚，特别是要注重对双方当事人一视同仁，使双方都能满意。

例如：

在某居民小区居住的王某，其10岁的孩子从八楼的自家阳台上往外扔碎玻璃，导致在楼下行走的张老伯被刺穿头部而死亡。为此，张老伯的子女找到王某家，要求赔偿，引起纠纷。为防止矛盾激化，人民调解员介入调解。人民调解员首先向双方当事人宣传民法的相关规定，明确了双方的责任。但在赔偿数额上双方的要求差距很大：张老伯的子女要求王某家赔偿10万元，但王某家因为家境困难只愿赔偿3万元。在人民调解员的进一步调解下，双方都作出了让步：张老伯的子女将赔偿要求降到7万元，王某家加到5万元。随后双方拒绝再让步，导致张老伯的子女的情绪再次激动起来。在这种情况下，人民调解员一面让物业公司登门对张老伯的子女进行慰问，一面继续做他们的工作：说他们作出让步表明他们是懂事理的人，有遇事谦让的美好品格，希望他们能体谅对方的难处，适当照顾对方的实际情况，继续作出让步，保证能尽快拿到赔偿金。接着又要求王某家要体谅受害者丧失亲人的悲痛心情，让其能得到安慰。最后在人民调解员的努力下，以5.5万元的赔偿额达成协议。

该案例中人民调解员并没有按照法律的规定准确计算赔偿数额，而是通过模糊调解，在分清是非责任的基础上，对双方当事人从情理方面进行说服、劝解，根据当事人的实际情况和情理接受的程度，形成了一个双方都能接受的、满意的并能实际执行的调解结果。

5. 模糊批评

模糊批评就是在调解过程中，对当事人的错误行为、错误思想，在适当的时机和场合中指出来，但不要过分指责或死死抓住不放，而是强调“点到即止”。

例如：

住在某一栋楼的田某和姜某是上下楼的邻居，田某住在3楼，姜某住在2楼，因一些小事经常起摩擦，姜某经常指桑骂槐地指责田某。最终导致田某忍无可忍，于是通过向自家卫生间的墙缝灌水的做法，使水渗透到姜家，导致姜家无法居住，从而使矛盾激化。姜家求助人民调解员，要求帮助解决。对此，人民调解员一面安抚双方的情绪，一面做他们的思想工作。在调解过程中，人民调解员并不急于求成，而是通过模糊批评的方法，让双方改变错误的认识。首先让田某查看姜家的受淹情况，启发田某认识到自己的错误，使其后悔自己的所作所为。然后又引导姜某反省自己的行为，让其认识到其行为也是错误的，会影响邻里关系。最后使纠纷得到解决。

九、二分法

二分法就是人民调解员在进行调解时，要注意当事人行为的两面性，对正确的方面要充分给予肯定，对错误的方面要进行必要的批评。

一般来讲，任何纠纷的当事人的行为都不会是绝对的正确或绝对的错误，都会表现为两面性，既有对的一面，也有错的一面。此时，人民调解员就要善于把握这种两面性：通过对当事人对的方面的肯定，容易拉近人民调解员和当事人之间的距离，也能安抚当事人的情绪，使当事人愿意接受人民调解员的调解；而通过对当事人错的方面的批评，可以说服当事人放弃、改正错误的做法，使当事人之间的分歧缩小，有利于调解的成功。

例如：

小张家的水龙头坏了，于是来到邻居小王家，请小王帮忙修理。小王正在吃饭，听到小张的请求，二话没说，放下手中的碗筷就来到小张家给他修水龙头。不巧的是，小张一大意把一个坏的水龙头递给了小王。小王安装好后就回家了，之后小张离开家去朋友家做客。结果，来水时水龙头一直流水不止，导致小张家的家具遭水浸泡，而小王家的院墙也最终未能幸免而倒塌。小王很气愤，找小张协商解决。小张正为自家的家具被水浸泡而烦恼不已，见小王来了，于是没好气地说，“你家院墙倒塌是因为你没修好水龙头，你应该自己负责。现在我的家具也损坏了，也应该由你赔偿。”结果两人互相争吵起来，最后大打出手，小王还把小张打伤了。人民调解员介入后，对小王说，“你帮助小张修水龙头说明你是一个热心人，人们都会尊重你。但有什么事应该互相商量，你打人就不对了……”接着又对小张说，“小王热心帮你修水龙头，你反过来还让人家赔偿你，以后谁还会来帮你忙？你家的水龙头流水造成小王家的院墙倒塌，说明你有过错，构成了侵犯他人财产权的事实。根据民法的规定，你要对你的行为后果承担责任。”最终，在人民调解员的说服、劝解下，双方都承认了自己的错误，达成了调解协议：小王赔偿小张医药费，小张负责小王院墙倒塌的损失。

本案例中，人民调解员对小王就是运用了二分法，先是肯定了小王热心助人的做法，使小王的情绪得以稳定并且能够听从人民调解员的劝解。接着，人民调解员指出了小王的错误做法，让小王认识到了自己的错误。并在对小张劝解的基础上使双方达成调解协议。

运用二分法，人民调解员必须站在公正、中立的立场上客观、真实地对当事人的行为作出评价，既不能过分夸大当事人正确的做法，也不能过分强调当事人错误的做法，让当事人服从调解。同时，二分法的运用说明了人民调解员在调解过程中不能只肯定当事人正确的做法而忽视其错误的做法，这样会纵容当事人的行为，导致当事人的要求过高、当事人之间的分歧加大而不易调解。也不能忽视当事人正确的做法而一味强调其错误做法，这样会引起当事人的反感，也不利于调解。

十、冷处理法

冷处理法就是对当事人要求解决的纠纷不要急于着手调解，而是想办法使当事人先冷静下来，待其心平气和后再进行调解的方法。

这种方法一般是针对比较激烈的纠纷，这类纠纷的当事人一般文化水平较低，或者脾气暴躁，容易冲动失去理智。当纠纷发生时，纠纷当事人情绪一般都比较激动，表现出剑拔弩张、势不两立的态势，谁的意见都听不进去。此时如果急于调解，很难对当事人进行有效的说服劝导，反而可能会因为处置不当而导致矛盾激化，甚至使调解员也深陷其中。

因此，接手这类纠纷后，人民调解员并不是立即展开调解，而应先采取有效方法和策略，制止事态扩大蔓延。然后，把纠纷放一放，给当事人一个缓冲的时间，缓解一下紧张的气氛。这样，当事人的心态会逐渐平稳下来，不再那么要面子、固执己见。此时，人民调解员再依照法律、法规，对当事人进行耐心细致的说服教育，促使调解协议的达成。

例如：

某工厂刚开工不久，将一工程承包给某包工头。该包工头组织包工队完成承包事项后，工厂将所有款项全部结清。在包工队准备离开的前一天晚上，因天气炎热，一名工人去工地附近的水库游泳（水库有警示标语），结果不幸溺水身亡。死者家属从外地赶来，强烈要求当地政府解决此事。镇政府对此高度重视，找到厂方。但厂方认为死者与厂方已无任何关系，该工人的死亡完全是他自己造成的，厂方不存在任何过错，因此拒绝赔偿。此时，死者家属情绪激动，事态有愈演愈烈之势，镇政府让司法所着手解决该纠纷。针对死者家属激动的情绪，司法所让死者家属先回去考虑一天，第二天再来调解。第二天来调解时，司法所调解人员对死者家属耐心地讲解法律、法规，说明死者行为的性质，劝解家属不要感情用事。同时，司法所调解人员又对厂方做工作，说明死者及家属的不幸与不易，希望厂方顾全大局，建议厂方对死者家属给予人道援助。经过调解，厂方给予死者家属2万元补偿，同时承担了死者家属的往来路费、住宿费等。纠纷得到圆满解决。

在此案例中，面对死者家属的激愤情绪，人民调解员知道如果马上就调解，死者家属的要求是很难得到满足的，调解很难成功。因此，人民调解员采取了冷处理法，先让死者家属回去考虑，经过一天的时间，死者家属的情绪平静下来，也能冷静对待该纠纷了。在此基础上，人民调解员对双方做好思想工作，从而使纠纷得到解决。

面对需要采用冷处理法的纠纷，人民调解员首先要做到临阵不乱，冷静思考，注意缜密把握纠纷事态的发展，及时采取措施。

十一、唤起旧情法

唤起旧情法就是对存在较好的感情基础的当事人之间的纠纷，通过帮助他们回忆过去的美好时光，使其重归于好的调解方法。这种方法一般适用于家庭、婚姻纠纷。

例如：

赵某和钱某原是一对恩爱夫妻。但后来因为家庭琐事经常起摩擦，并导致夫妻争吵进一步升级，关系一度恶化到要离婚的程度。人民调解员知道后，着手对双方进行调解。调解员了解到双方的感情基础较好，并调查清楚了他们之间的矛盾起因。于是采用唤起旧情法，首先帮助他们回忆了过去恋爱时的浪漫经历和婚后生活的美好时光，并且称赞他们感情基础好，互相关心。他们互相对对方的关爱大家都看在眼里，都很羡慕他们。接着人民调解员又委婉地指出了他们的错误，说事情发展到这一步是不应该的。遇到什么事情都应该想一想过去，今天的幸福生活应该珍惜。不能总认为自己是对的，夫妻生活本来就没有谁是谁非。调解员通过不断让他们回想以前的恩爱生活，拉近他们的感情距离，终于使他们认识到自己的错误并重归于好。

由于纠纷当事人之间有着较好的感情基础，因此，他们之间的纠纷很有可能通过情感得到缓解和解决。因此，让他们多想想过去，唤醒他们对旧时美好感情的回忆，就会达到很好的效果。

十二、舆论压迫法

舆论压迫法就是人民调解员在进行调解时，通过提示当事人关注周围的人对此事的看法和评价，使当事人放弃自己不正当的要求，从而达成调解的方法。

作为民间纠纷的当事人，一般都是地缘比较接近，甚至都是生活在同一个生活圈子里，和周围的人在“同一屋檐下”，彼此之间“低头不见抬头见”。纠纷出现后，必然会引起人们的关注，人们一般都很在意周围的人对他们的道德评价。如果某当事人的做法过于离谱，可能会引起公愤，遭到鄙夷。这对于以后仍要在这个圈子生活的当事人来讲是很不利的，可能使他很难再和他人和谐相处。因此，公众的舆论对当事人改变自己的错误做法和观点都会有一定的积极意义。人民调解员在进行调解时，一定要把握这种方法的运用，以促使调解的成功。

例如：

某村村民钱某不赡养他年迈的母亲，已经在当地引起了人们的议论。人们经常在背后对钱某指指点点，但钱某仍不知悔悟。调解员及时找到钱某，对其宣传我国的婚姻法，劝说钱某对老人尽赡养义务。最后，调解员告诉了钱某人们对他的评价，他的行为已经引起了人们的反感。如果仍然这样下去的话，他将不被当地人接受，在和人们的交往中将面临很大的困难，甚至很难在当地生活下去。调解员的劝说对钱某的触动很大，使他感到了舆论的压力。最后，钱某承担起对母亲的赡养义务。

运用舆论压迫法，要求人民调解员一定要通过调查，掌握公众对此纠纷是什么看法的信息。同时更要注意哪些舆论是正确的，哪些舆论是错误的，避免错误的舆论对当事人的误导。

十三、依靠多种社会力量协助调解法

依靠多种社会力量协助调解法就是指在调解过程中，除了依靠人民调解员自身的力量进行调解外，还须取得当事人的亲友和当地有威望的人以及其他社会力量给予的支持和帮助。

例如：

某社区进行危电改造工程。当外线施工架设铁管到张某家时，遭其阻拦。理由是铁管上的雨水会溅到他家的空调室外机上，造成损坏。张某的行为导致其他居民也以此为理由阻拦施工。调解员介入后，找到物业公司做施工方的工作让其暂停施工，又说服了其他居民支持施工。由于张某的个性较强，思想工作不好开展，调解员就找到张某的母亲和妻子，让她们一起做张某的思想工作，同时邀请平时和张某一起玩耍、谈得来的赵某也参与说服工作。最后，在众人的努力下，张某不再阻拦施工。

该案例中，调解员调动了物业公司、施工方、当事人的亲属、朋友等多方面的力量参与调解，最终取得了圆满的成功。

一个调解员或者一个调解组织的能力和水平总是有限的，有时对民间纠纷的调解单纯依靠一个调解员或者一个调解组织是远远不够的，特别是一些涉及

面广、难度较大的纠纷更是如此。因此，如果善于动员当事人的亲友及有威望的人等多种社会力量协助调解，纠纷往往会由难变易。

当事人的亲友一般是指与当事人关系密切的亲戚和朋友。他们因为与当事人的关系比较密切，彼此之间存在着一定的信任基础，依靠他们协助调解，其劝解容易为当事人所接受。特别是这些人对当事人的状况也比较熟悉，能够抓住问题的症结，对症下药，再加上感情上的亲近，有利于说服当事人，从而可能取得较好的效果。尤其是由当事人家族中有威望的人对当事人进行说服、劝解，效果更佳。

例如：

村民甲擅自占用公用通道，谁说都不听。人民调解员多次做工作，也没有效果。这时，人民调解员通过打听，发现村民甲与村民乙的关系特别好，对村民乙的话言听计从。于是，人民调解员找到乙，对其讲解了相邻关系的法律规定，希望其能劝说甲，乙当即表示愿意帮忙。在乙的劝说下，甲腾出了占用的通道。

在调解时，有时依赖媒体，效果也很好。

例如：

某花园别墅业主擅自在两栋别墅相邻的地方修建围墙，影响了其他别墅的通风和采光。被执法队强令拆矮后，导致该业主与其他业主矛盾激化，该业主经常制造一些事端，如锯水管、随意倒垃圾等。人民调解委员会介入调解后，该业主不接受调解，矛盾日益激化。人民调解员经过分析认为，在别墅区居住的人大都明白事理，而且该业主是律师，很要面子。于是考虑通过媒体将此事曝光，人民调解员找到当地法制报的记者报道了此事。该业主感到了压力，主动要求和解，向其他业主道歉。一场已激化的纠纷终于在媒体的参与下得到彻底解决。

对于特别复杂的纠纷，则需要动员相关部门到场，联合调解。目前实行联合调解的纠纷越来越多，一般根据纠纷的不同情况，分别由当事人所在单位、行业协会、当事人居住地的基层组织、政府有关部门与人民调解组织一同调解，或者多个部门联合调解。

运用该方法进行调解时，一要注意照顾当事人的情绪，避免盲目依靠他人调解引起当事人的不满，造成不好的后果；二是要求协助调解的人要从当事人的利益和社会安定团结的大局出发，运用法律和政策，自愿提供帮助和支持，公正、客观地劝服当事人。

十四、先易后难，逐个击破法

先易后难，逐个击破法，就是先对纠纷中比较容易接受调解的当事人进行调解，让其接受某种结果，然后再对较难接受这种调解结果的当事人进行说服、劝导，最终使调解成功。

在民间纠纷中，不同的纠纷当事人，其文化水平、个人素质、脾气秉性都有所不同，因此，在接受调解时的反应也就有所不同：有的当事人比较明白事理，容易接受调解；有的当事人比较激动，不易接受调解。此时，人民调解员可以通过背靠背的方法，先对容易接受调解的当事人动之以情，晓之以理，让其接受某一调解结果。然后再对其他当事人进行说服教育，以调解成功的当事人的调解结果为基础，让其他当事人知晓调解的底线，并最终接受人民调解员的建议。

例如：

某地一水电站被一老板承包。某年五月，天降大雨，为防止水电站遭受损害，该老板聘请十几个人对水电站进行维修。在维修过程中，水坝裂开，导致两名维修工人被水冲走死亡。死者家属找到当地镇政府，强烈要求赔偿。镇政府当即叫上司法所等有关单位召开联合会议。在会议上，司法所向镇政府提出法律意见，主张调解。会议最终决定由司法所负责调解。

由于围观群众越来越多，事态有扩大的趋势。于是，司法所首先清除不利场面，引导死者家属到指定地点调解。在调解过程中，两死者家属提出了不同的赔偿要求，一死者家属要求赔偿 30 万元，另一死者家属要求赔偿 22 万元（根据相关的法律计算，要求赔偿 30 万元的最多可获赔 22~23 万元，要求赔偿 22 万元的最多可获赔 17 万元）。承包水电站的老板也愿意作出赔偿，但因这一事件导致元气大伤，经济承受能力降低，无法满足死者家属的要求，调解陷入僵持阶段。

这时，司法所发现要求赔偿 22 万元的死者家属情绪不是很激动，也很讲事理。认为先从这一家入手也许能取得意想不到的效果。于是，司法所采取背靠背的调解方法，先把这两家分开，开始着重对要求赔偿 22 万元的死者家属进行调解。一方面安抚其激动的情绪，一方面对其讲解法律、法规，动之以情，晓之以理，告之提出过高的要求不一定能得到满足。最终，经过调解，这家获得 16.5万元的赔偿。同时，老板协助死者家属办理死者后事。紧接着，司法所又做另一死者家属的调解工作，在司法所的努力下，另一死者家属参照已达成调解协议的前一家的情况，最终获得 22.5 万元的赔偿。对于赔偿数额由老板分两期交付，调解获得圆满成功。承包水电站的老板也通过调解摆脱了困境，决定对当地再投资 30 年，将使当地镇政府在未来获利两千万元。

十五、在适当情况下依靠强硬手段法

在适当情况下依靠强硬手段法就是对某些民间纠纷单纯地进行说服教育

起不到调解的作用，还需要政府及相关部门在合法的前提下，用强硬手段加以解决。

有些民间纠纷，已不属于单纯的矛盾冲突问题，而是上升到违法的边缘，甚至就是一种违法行为。作为纠纷的当事人纯粹就是无理取闹，挑起事端就是想获取不正当利益。对他们进行说服教育，是不会起到多大效果的。在这种情况下，就需要对他们采取强硬手段，以对其形成威慑，在此基础上再进行调解，才会取得好的效果。

例如：

某村委会与当地镇政府共同开发了一海滩。镇政府决定将这一海滩出租给某一老板承包，村委会没有任何意见，但该村村民不同意。于是在签合同的当天，村民组织起来阻止合同的签订，并堵塞公路，导致当地公路不能通行，严重影响了当地的社会秩序。在这种情况下，当地司法所介入，了解了有关情况，开始对当地群众进行说服教育，进行疏散。通过各方的努力，最终终止了合同，重新发包。

此时，仍有一些人故意捣乱，阻挠承包工作的进行。他们出钱雇人闹事，哄抢海滩设施，事态有进一步扩大的趋势。司法所通过了解得知，这些人并没有诚意解决问题，而是无事生非，不是调解所能解决的，而且他们的行为已经违反了法律。于是，司法所请求当地公安部门协助，抓获了5名带头闹事的人。但第二天，该村村民又在一些人的带领下堵塞公路。司法所了解情况后，赶赴现场，向群众解释情况，宣传法律，强调利害关系，两个小时后，聚集的群众由200人减少到20人。最终，对这些不听劝阻的村民仍由警察负责处理。事件得到很好的控制。

这一纠纷由承包海滩引起，但事态的发展已经超出了纠纷的性质，此时，并不能通过说服教育使问题得到圆满解决。因此，为平息这一事件，公安机关及时介入，采取强硬手段抓获了5名聚众闹事者。但当地群众本着“大闹大解决、小闹小解决、不闹不解决”的心理，不但不收敛，反而变本加厉，在第二天又聚集了200人堵塞公路。此时，司法所仍本着调解的思想对闹事群众做工作，也确实使大部分不明真相和懂法的人最终被疏散。而对于态度强硬的20人仍采用强硬手段使事件最终得到解决。该案例说明了在特定情况下，对纠纷采用强硬手段效果会更好。

需要注意的是，必须在合法的前提下依靠强硬手段协助调解。如果某一当事人并没有违法行为，只是态度恶劣，较难调解，在没有进行耐心的说服教育的情况下就对其采取强硬手段往往会引起适得其反的后果。

十六、解决思想问题与解决实际问题相结合的调解方法

解决思想问题与解决实际问题相结合的调解方法，就是在调解过程中，既要使当事人消除思想上的隔阂，放下思想包袱，又要切实帮助当事人解决纠纷所涉及的实际困难和问题。

有些纠纷，如果不从实际问题上解决当事人的困难，仅仅做当事人的思想工作，只能事倍功半，甚至不能从根本上解决当事人的纠纷，不能从本质上化解当事人的矛盾。所以，一些因实际困难引起的纠纷要求人民调解员在解决当事人思想问题的同时，必须解决好当事人的实际问题，这样才能真正解决好纠纷。

例如：

人民调解员小李在回家的路上发现同村张家的女儿张丽坐在河边发呆。张丽现在上初中三年级，平时学习很认真，一放学就会在家里做作业，而今天有些反常。于是，小李出于职业的敏感走上前去向张丽了解情况，在小李的再三询问下张丽说出了内情。原来今天在课堂上数学老师因为张丽有一道题算错了就对她进行了严厉的批评，说她笨，上学没什么指望，还不如回家种地去。这番话严重挫伤了张丽的自尊心和自信心，一时想不开才来到河边。于是小李及时对张丽做思想工作，说不能因为老师的一两句气话就看不起自己，要相信自己。经过小李的耐心劝说，张丽的心情终于舒畅起来，但一想到回学校面对数学老师又有些郁闷。于是小李想到还是要从根本上解决问题，就亲自陪张丽来到学校，并找到了数学老师。通过谈话，数学老师认识到了自己的错误，并在课堂上当着全班同学的面向张丽道歉。事情得以圆满解决。

该案例中人民调解员小李不但消除了张丽的思想负担，还为保证张丽有一个好的学习环境亲自找老师解决问题，使张丽彻底解除了后顾之忧，为她今后的学习扫除了思想障碍。这就是解决思想问题与解决实际问题相结合的调解方法的具体运用。

上述人民调解的具体方法是人民调解过程中经常使用的一些方法，除此之外，人民调解员在丰富的实践活动中凭着他们的智慧正在逐渐探寻更多、更灵活的方法。随着人民调解工作的成熟，人民调解的具体方法也必将越来越多。

当然，上述方法彼此之间并不是孤立的。这些方法在调解纠纷时都可以根据纠纷的具体情况结合起来共同使用，即在一个纠纷中使用两种或两种以上的调解方法。特别是在复杂的纠纷中，多种调解方法结合使用更是非常必要的。大多数纠纷只有依据多种调解方法，才能得到更好地调处。

对于人民调解员来说，要想真正掌握调解方法这一技能，除了在理论上要正确理解外，还必须经过大量的调解实践活动的体验和锤炼。

第七章　人民调解的技巧

所谓技巧，就是巧妙的技能。人民调解的技巧，就是人民调解员在调解工作中所掌握和运用的巧妙的工作技能。调解技巧在内容上主要包括两个方面：第一，纠纷要素的运用技巧，是指调解员对纠纷的要素所具有的特点，如时间、地点或人员特点等，加以分析并巧妙运用的技能。第二，语言的运用技巧，是指调解员巧妙地运用语言来进行调解、化解纠纷的技能。

一名优秀的调解员既要熟练掌握各种调解方法，还要能够灵活运用各种调解技巧。调解方法和调解技巧既有密切的联系，又有一定的差异。调解方法主要指调解的途径、步骤、手段，具有一定的宏观性和战略性；而调解技巧主要指调解过程中所运用的一些巧妙的技能，相比较而言，其微观性和战术性更强。

第一节　纠纷要素的运用技巧

纠纷要素的运用技巧，实质上就是根据纠纷的特点进行调解的技巧。每个纠纷都有自身的特点，抓住这些特点，并根据这些特点选择、运用适当的调解技巧，往往可以取得事半功倍的效果。

那么，从哪些方面分析、提炼纠纷的特点呢？其实，纠纷的特点总是通过纠纷的各个要素的特点表现出来的。纠纷的时间、地点、人物、情节、原因被称为纠纷的五大要素。从纠纷的这些要素入手，分析、提炼出纠纷的特别之处，进而巧妙地加以运用，是调解民间纠纷的重要技巧之一。

一、时间要素的运用技巧

纠纷的时间要素，主要指纠纷发生的时间、持续的时间以及纠纷发展的阶段性、反复性等等。在调解中运用时间要素的技巧，主要包括纠纷发生的预测与预防技巧、调解纠纷的时机把握技巧等。

（一）纠纷发生的预测与预防技巧

民间纠纷的发生有很大的偶然性，也有一定的必然性。民间纠纷在发生的时间上存在一定的规律，有经验的调解员，往往可以预测到某种纠纷在某个时间段发生的可能性，从而提前做好准备，或及时地开展工作从而避免纠纷的发生。

有不少类型纠纷的发生存在一定的季节性。例如，夏季容易发生打架斗殴事件；在冬季，年前工资、债务纠纷容易发生，年后则劳务、赡养、承包等纠纷增加；节假日里，婚姻家庭纠纷、邻里纠纷多；三夏大忙季节争水、争农机具、争场地纠纷多。

例如：

珠三角某镇，是远近闻名的服装生产基地，镇内私营、个体、外商投资的服装加工厂厂家云集，外来劳务工人数量庞大。虽然经过多年的整治，但拖欠劳务工资的现象仍有发生，个别还酿成较大规模的群体事件。2006年元旦过后，镇司法所工作人员根据多年经验，知道在年前的这一段时间，拖欠工资的事件和纠纷容易爆发。基于这种判断和预测，镇司法所决定将排查、预防拖欠工资纠纷作为本阶段的中心工作，尽最大可能减少、控制这类纠纷的发生。镇司法所动员了全镇所有的人民调解委员会和其他相关力量，深入镇内大小企业，宣传相关法律和政策，了解各企业年前工资的发放情况和计划，做好深入细致的思想工作，发现有因资金等困难而可能拖欠工资的，及时向司法所和上级政府机关汇报。司法所的司法助理员也多次到镇里的重点大企业做工作。经过多方努力，该镇本年度因拖欠工资而引起的纠纷在数量上有了明显下降，大规模的群体性纠纷一起也没有。

这一成绩的取得，与司法所及各调解委员会对该类纠纷的准确预测和及时、深入的预防工作分不开。

还有一些纠纷的发生往往与其他一些事件的发生有密切的关联性。例如，拆迁工作与拆迁补偿纠纷的关联，公民死亡与遗产继承纠纷的关联，交通事故与民事赔偿纠纷的关联等等。对于这些关联性的准确把握也是做好预测、预防工作的重要技巧。

例如：

南方某市有不少“城中村”，随着城市建设的不断发展，对“城中村”的改造逐渐进入了议事日程。在改造“城中村”的过程中，因拆迁补偿而引起的纠纷时有发生，有些所谓“钉子户”的案件还引起了媒体和民众的广泛关注，社会影响很大，有些地方还发生了群体性的上访事件，对社会稳定造成了不良影响。2007年夏天，该市的安平围村也要开始拆迁改造工作，当地司法所对此事高度重视。经调查分析和研究，司法所认为，本市很多拆迁补偿纠纷，都是因为相关信息的不透明、多方沟通不够而引起的。司法所在拆迁改造前就提前介入，开展工作，与村人民调解委员会的工作人员一起，挨家挨户地进行走访，将政府的补偿政策清晰、详细地介绍给居民，将拆迁的意义和居民的现实利益得失进行了实事求是的分析，解答了居民的各种问题，打消了居民的各种顾虑。由于居民的理解、支持、配合，再加上居民的利益得到了充分保障，随后的拆迁工作进展顺利。

这样的结果，与司法所工作人员认真负责的工作态度分不开，也与司法所工作人员对纠纷的预测预防技巧分不开。

(二) 调解的时机把握技巧

调解的时机概括起来包括以下几方面：一是调解员介入调解的时机；二是对于持续时间长、久调未决的纠纷，调解员再次进行调解的时机；三是调解员在适当的时间、通过适当的调解活动，促成事态转化的时机；四是调解员在适当的条件下拿出调解方案，促成协议达成的时机。

1. 主动介入进行调解的时机

人民调解委员会受理纠纷有两种方式：主动受理和申请受理。对于主动受理来说，掌握主动介入的时机就显得非常重要。

有些纠纷，迅速、及时地主动介入，可以避免矛盾的激化。

例如：

2005年春节前，在司法所值班的马所长接到电话，被告知某建筑工地的8层楼上，有一民工要跳楼。马所长二话没说，马上赶到现场。原来该民工是因多次向包工头讨要工钱未果，不得已而以死抗争。经马所长和其他人员的耐心劝解，并说服包工头现场兑现部分工资款后，该民工放弃自杀，这一突发事件得到了较好解决。

像这种紧急的、突发的纠纷就要求调解工作者迅速、及时地介入调解，否则，将可能错失调解的最佳时机，造成不可挽回的损失。

而有些纠纷，不能一有风吹草动就积极、主动地介入，在条件不具备的情况下盲目介入调解，可能引起当事人的反感和抵触。

例如：

小高和小郑夫妻俩经常吵架。有一次，夫妻俩吵架后，妻子小郑还住到了娘家。调解员老李了解到这种情况后，主动上门，想调解夫妻俩的关系。老李到小高家找小高谈话，结果小高说："我们夫妻关系很好，根本没什么问题，她只是回娘家住两天。"老李又到小郑娘家找到小郑，结果小郑也矢口否认夫妻关系有什么问题，还不礼貌地说老李是多管闲事，搞得老李灰头土脸的。

该纠纷的调解之所以会出现这样令人尴尬的结果，主要原因就是介入调解的时机不当。夫妻吵架、妻子回娘家本来就是生活中常有的事，大多数情况下，这种家庭小矛盾夫妻可以自己解决。而且，"家丑不可外扬"的普遍心理也使一般的家庭矛盾排斥外人的介入。一般来说，夫妻矛盾，如果没有当事人的申请，如果矛盾没有达到一定程度，便不宜主动介入调解。

2. 再次进行调解的时机

有些纠纷，持续的时间长，调解的难度大。这样的纠纷往往需要进行反复多次的调解才有可能解决。那么，一次调解不成，什么时候进行下次调解呢？总的来说，有这么几种情况是可以考虑再次调解的：一是上次调解不成后，出现了一些新情况、新问题，为再次调解的成功创造了条件。例如，原来无赔偿能力的当事人现在有了赔偿能力、原来有第三者的当事人现在断绝了与第三者的关系、调解员发现有新的资源可加以利用等等。二是上次调解不成，经过一段时间后，当事人的对立情绪减弱，变得更加冷静理智。三是纠纷有升级、激化的趋向，不及时地再次调解有可能造成严重后果。

3. 促成事态转化的时机

从纠纷的形成、双方情绪对立、利益相争，到经过调解使双方达成协议，这是一个从量变到质变的过程。在这个过程中，往往会存在一些由特定的事态、环境状况所形成的时机。调解员如果能够敏锐地抓住这个时机，并借机开展适当的调解活动，便有可能促成事态往好的方向转化。

例如：

张老板和妻子张姨都已年近六旬，有两个子女，经过多年的奋斗后，生意越做越大，日子也越过越好。但就在这时，张老板与一年轻女子小梅好上，并提出要与张姨离婚。在调解过程中，张老板执意要离，而张姨则坚决不离。张老板因情绪激动，突发心脏病。张姨马上拿出随身携带的救心丸让张老板服下，并让他躺下，然后与调解员一道叫来救护车将张老板送到了医院。在医院治疗期间，张姨和两个子女自始至终守在床前护理，那个年轻女子小梅则不见了踪影。张老板病情稳定出院后，调解员小叶以这次发病治疗的情况为例，对张老板进行了推心置腹的说服教育工作。这次经历加上小叶的说服教育，使张老板的思想发生了转变，认识到了自己的错误，对妻子和子女充满了愧疚感。张姨也没有再过多地责怪张老板，夫妻和好如初。

在这个纠纷的调解过程中，小叶就观察到了张老板得病期间张姨悉心照料以及小梅不见踪影的情况，并认识到这是促成事态转化的好时机，小叶抓住了这个时机。

4. 拿出调解方案，促成协议达成的时机

调解员拿出调解方案指的是调解员在调解过程中所提供的，达成协议、解决纠纷的具体方案。如果调解员提出的调解方案能被双方当事人接受，便可以促成双方达成协议。调解员提出的调解方案是否能被当事人接受，与调解方案本身的内容有很大关系，同时也与拿出调解方案的时机是否合适关系很大。在合适的时机拿出合适的调解方案，是调解工作的重要技巧之一。一般来说，在双方争执很大的情况下，突然拿出一个调解方案，其成功的可能性不大。相反，如果经过一定的调解工作，在双方当事人的意见逐步接近并形成一定"合意"的情况下，再拿出调解方案，其成功的可能性会大大提高。比如，一赔偿纠纷，一方要求赔偿10万元，另一方只同意赔1万元。这种情况下，双方意愿差异太大，接受调解方案的可能性显然是不大的。如果经过调解，要求10万元的将要求降一降，比如降到"5万元以上"，另一方也升一升，比如升到"5万元以下"，这时再拿出一个适当的调解方案来，双方接受方案达成协议的可能性就大了很多。

二、地点要素的运用技巧

纠纷的地点要素，主要指纠纷的发生、发展乃至解决的地方、场所、环境等。在调解中运用地点要素的技巧，主要包括根据纠纷发生的地点而因地制宜地进行调解的技巧和根据纠纷情况选择调解地点的技巧等。

（一）根据纠纷地点进行适当调解的技巧

纠纷地点是纠纷的要素之一。任何纠纷都是在一定的空间地理位置和一定的外在环境之中发生的。纠纷的地点对于许多纠纷来说都有着重要的考量意义。同样的纠纷发生在不同的地点，其纠纷的严重程度及对当事人的意义可能存在相当大的差异。比如，同样都是被人打一耳光，在公众场合和在单独场合，其影响和对当事人的伤害程度显然是不一样的。再比如，婚姻家庭冲突如果发生在家庭之外，纠纷的严重性就会加剧，调解的难度就会增大；相反，如果发生在家庭内部，问题也许会比较容易解决。因此，调解纠纷必须充分考虑到纠纷的地点要素，根据纠纷发生的地点和特点而选择或调整调解策略和方法，切实做到因地制宜。

例如：

李二柱和秦四凤是一对年轻的夫妻，结婚五年来感情一直不错，有一个两岁的儿子，聪明可爱，家庭生活总的来说还算幸福美满。但由于二柱性情有些粗暴，夫妻之间有时也会出现一些小的摩擦。这年春节，夫妻两人一同参加一亲戚的婚礼，在婚礼进行中，两人又因一点琐事发生争吵，二柱感到在亲友面前丢了面子，一怒之下打了四凤一耳光。四凤哭着跑回了娘家，并提出要与二柱离婚。事后，二柱非常后悔，找到村调解委员会的黄主任，一定要请黄主任帮助自己说服妻子，使妻子回心转意。黄主任知道二柱家的情况，认为二人感情基础不错，重归于好的可能性很大，但由于四凤是在众多亲友面前被丈夫打了耳光，这使得工作比较难做。四凤提出离婚的关键原因是当众打的这一耳光使四凤面子上过不去。经过这一番分析，黄主任计上心来，决定不私下调解此事，而是邀请那天参加婚礼的一些亲戚朋友，召开一个小规模的调解会。在调解会上，当着众人的面，二柱诚心诚意地向妻子四凤道了歉，四凤既看到了丈夫的诚意，又在众人面前挽回了面子，终于破涕为笑，还当众检讨了自己的一些不对。夫妻二人和好如初，一再向黄主任表示感谢。

黄主任在调解该纠纷的过程中，根据纠纷发生地点的特殊性，选择了公开性程度高、有一定声势的小型调解会的形式，真正做到了因地制宜，可以说是抓住了纠纷的要害，使纠纷得到了圆满的解决。

（二）根据纠纷特点选择调解地点的技巧

地点要素，既包括纠纷的发生地点，又包括纠纷的发展、解决的地点，也就是说，调解地点也属于纠纷的地点要素。如何根据纠纷的特点而选择、安排调解地点，也有相当强的技巧性。

《人民调解工作若干规定》第28条规定：“人民调解委员会调解纠纷，一般在专门设置的调解场所进行，根据需要也可以在便利当事人的其他场所进行。”现实中，各地的条件差异很大，有些地方的人民调解委员会有专门的人民调解庭，其内部的设施、布置比较完善、规范；也有不少的调解委员会在场所、设施方面的条件比较差，甚至没有专门的调解场所。随着社会各方面条件的逐步改善和人民调解工作越来越受到重视，越来越多的人民调解委员会会设置专门用于进行人民调解活动的场所。当然，人民调解在调解的场所选择方面是非常灵活的，有些纠纷，在田间、地头、车间、家庭等进行调解，可能会有更好的效果。那么，究竟如何选择、安排调解的场所呢？根据实践，调解的场所可以做如下划分：

1. 严肃型场合

如有些调解庭，布置的与法庭比较相似，在此调解会使当事人肃然起敬，让有理方当事人感到踏实有靠山，令无理方当事人感到心虚理亏，没有依靠。特别适合那些侵权、损害等一方守法，另一方有过错而不讲理、蛮横霸道的纠纷。

2. 亲切型场合

如在当事人住处进行调解，气氛会比较随和，有亲和力，能拉近调解者与当事人以及当事人之间的感情距离，特别适合调解那些家庭婚姻类的纠纷。

3. 自尊型场合

如当事人在单位的领导或同事面前往往注重自己的表现和形象，那么到单们进行调解，当事人会表现得有风度和通情达理，特别适合那些当事人故意不通情理、胡搅蛮缠的纠纷。到单位调解一般适用于当事人双方属于同一个单位的纠纷，或者是员工与所属单位之间的纠纷。如果双方分属两个不同单位则不太适合到单位调解，因为在一方当事人的单位进行调解，会给另一方当事人造成一定的心理压力，容易使其产生调解不公平的心理暗示。

4. 特定场合

在与纠纷有关联的特定场合调解会使当事人触景生情。这种场合特别适合那些需要调动当事人特殊情感来促进调解的纠纷。

可见，不同的纠纷对调解场所的要求是有差异的，根据纠纷的情况选择、安排调解场所就成为调解技巧的重要方面。有些调解委员会因为办公场地有限，可能只有那么一间办公室，而这间办公室还可能兼有其他多种用途。在这种条件下，根据纠纷情况，适当地调整房屋的布局，比如桌椅摆放位置的调整等，都会有一定的效果。

三、人物要素的运用技巧

纠纷的人物要素主要指纠纷当事人的各种情况。在调解中运用人物要素的技巧主要是指根据当事人的性格、年龄、职业等方面的特点，而采用适当的说服、疏导方法的技巧。

教书育人，要因材施教，才能桃李芬芳；治病救人，要对症下药，才能药到病除。调解工作也是同样道理，只有根据当事人的性格、职业、文化程度等方面的类型和特点，开展科学、合理的说服、疏导工作，才能取得好的调解效果，起到事半功倍的调解绩效。

（一）对文化水平高的当事人，要侧重以法服人

文化水平较高的当事人，一般来说，比较理智，理解问题会比较全面，遇到纠纷往往会很关心对于此类纠纷法律是如何规定的。对于此类当事人，调解人员一定要事先做好充分准备，尤其是要搞清楚针对此类纠纷的法律、法规的相关规定，做到心中有数。在说服教育的时候，要注重以法律规定为武器，讲清利害关系，促成调解协议的达成。

（二）对重感情、讲义气的当事人，要侧重情感感染

重感情、讲义气的人，一般比较直爽，对具体的利益之争也许并不十分在意，但容易“不蒸馒头，蒸（争）口气”。对于这样的当事人，可以将调解工作的重点放在情感方面，不要“开门见山”、急于点题，不要将注意力集中在“讨价还价”上。相反，用一些触动情感的语言谈一些纠纷以外的事情，将对方当事人的现实困难和作出的些许妥协让步加以充分地表达和渲染，用真情实意去拨动其心弦，效果可能更好。

（三）对蛮不讲理、胡搅蛮缠的当事人，要侧重正义威慑

这类人员往往情绪不稳定，行为、语言表现激烈，对一般的劝解、说服听不进、不配合。但其内心一般是清醒的，其激烈的外在言行往往是在掩盖其内在的心虚。对于这种人，在调解时，调解人员必须抓住他们的弱点，明确告诉他们，政府对处理问题的决心和态度。运用的语言要有针对性和原则性，攻势要猛，让他招架不住，使他产生不配合工作就无法通得过的感觉，促使他积极配合调解人员的工作，把问题解决好。

（四）对缺乏主见、优柔寡断的当事人，要侧重利弊分析

有些当事人在调解过程中，尤其在是否接受调解方案、达成协议的重要关口，缺乏主见、优柔寡断、拿不定主意。这既有性格的原因，也有对调解方案的利弊搞不清楚的原因。对于这样的当事人，应有理有据地帮他们把事情的利弊分析清楚，让他们切实感到，调解方案对自己来说是可以接受的，对自己更好的调解协议是难以达成的，如果调解不成，通过诉讼等其他方式解决问题是费时、费力、不经济的等等。利弊分析的目的，就是帮拿不定主意的人拿主意，帮优柔寡断的人打消疑虑。

（五）对过于自尊好面子的当事人，要侧重"以守为攻"

过于自尊好面子的人，一般都非常注重自己的形象，非常在意别人对自己的态度、评价。如果给了他充分的尊重，他在心理上有了充分的满足感后，在一些利益问题上作出一定让步的可能性就会增大；反之，如果让他感到没有得到应有的尊重，反而有被轻视、蔑视的感觉，那么调解则很可能会陷入僵局。对于这样的当事人，适当的"戴高帽"是有必要的。可多说一些好听的话，多举几个当事人曾经做过的有益事情的例子，先表扬他的长处，使他产生自豪感、满足感，形成"什么都好说"的氛围，然后趁机指出他的缺点与不足，鼓励他改正缺点、弥补过失，做一个更受人们尊重的人。在这个过程中，调解员没有"直击要害"，似乎在"守"，但实质上却会取得很好的"攻"的效果。

例如：

双水村由于水源缺乏等原因，一直未能甩掉贫穷的帽子。村党支部和村委会的领导，为了发展家乡经济，改变家乡贫穷落后的面貌，决定带领村民拦河筑坝，改变本村缺水的状况。这项工程需要动员部分村民搬迁。经过村干部做工作，需要搬迁的村民除原村长金老先生外都按期搬迁了。70多岁的金老先生躺在炕上，死活不肯搬迁，他的儿子、媳妇无论怎么劝，都说不动，村党支部书记去做工作，也被金老先生用拐杖赶了出来。最后，村党支部请来了乡司法所的田所长，让他去做金老先生的思想工作。

田所长来到金家，盘腿坐在炕上，情真意切地对金老先生说："您老人家

知道，村里打这坝，是为全村人民谋福利。记得您在当村长的时候，常教育我们这些后人，要为乡亲们谋福利。您当村长的时候，为乡邻谋了多少福啊！村里上了年纪的人，如今提起您金老，哪个不说您的好话？记得小时候，我们穷人家娃娃上不起学，您一分钱不收，义务办学。现在想起来都感动得流热泪呢！现在，我们炸山打坝，正是像您老教育我们的，为乡亲们谋福哩！筑坝需要搬家，您老一时想不通，现在您老人家在气头上，我们后辈完全理解。我知道，您老人家知书达理，是双水村最开通的老人。一旦您老消了气，就会顾全大局，为全村乡亲着想……”经过田所长的一番劝说，金老先生最后欣然同意了搬迁。

为什么其他人无论怎么劝说金老都不愿搬迁，而田所长一番谈话，金老的思想就通了呢？这主要是田所长与金老先生谈话时，采用了一种“戴高帽”的方法。所谓“戴高帽”，就是谈话者选取对方或与对方有直接关联，而最令对方欣慰和自豪的人或事，用肯定、赞许的口吻加以评说，以满足对方的成就感和自豪感，使对方在心理上得到极大的抚慰，从而拉近与对方的情感距离，最终让对方接受自己的意见。据心理学家调查分析，如果我们在劝说他人时能恰到好处地给对方“戴高帽”，则有助于对方调节心理，并乐于接受别人的劝说。在这一事例中，金老先生作为“下台”的老村长，在心理上有“过于自尊”、“好面子”的特点，田所长准确地抓住了这一关键。需要指出的是，“戴高帽”不同于阿谀奉承、讨好卖乖之类的庸俗言行。谈话者在运用这一技巧评说对方或与对方有直接关联的人和事时，必须实事求是，不能为了博取对方的好感而乱“戴高帽”，不然就会适得其反。

四、情节要素的运用技巧

纠纷的情节要素指的是纠纷本身或与纠纷有密切关联的各种事实情况。充分掌握纠纷的各种事实情况，并且在适当的时机、以适当的方式运用这些情节要素进行调解，也是调解工作中的一个重要技巧。调解纠纷需要摆事实、讲道理，纠纷当事人做过哪些事情、说过哪些话，都是调解纠纷的重要事实依据。

一些纠纷，事实本身不够清楚。在这种情况下，有些纠纷可以通过“模糊处理”的方法进行调解。但有些纠纷如果事实不清则难以调解，针对这样的纠纷，特别是面对一些心存侥幸、死不认账的当事人，人民调解员必须能拿出真实全面的事实证据，才可以起到威慑当事人、迫使其低头认错的作用。

例如：

家住石门镇东水村的杨姓老人，早年丧夫，她辛辛苦苦地将儿子石某养育成人。三年前，儿子娶了媳妇张某。原以为从此可以过上幸福甜蜜的日子，没想到，儿媳张某非但没有孝敬老人之心，还把年迈的婆婆当佣人来使唤，甚至动辄又打又骂。前不久，杨姓老人生病，张某中午回到家，见婆婆没有做饭，还躺在床上，便勃然大怒，大骂老人是"废物"、"老不死的"，并手拿扫把追打老人到街上。街坊邻居看到这种情况，都非常气愤，但由于张某一向蛮横、霸道、不讲理，周围群众也都敢怒不敢言。

村调解委员会主任老李知道这种情况后，并没有立即前去调解处理，而是从老人、老人的街坊邻居等处对事情进行了详细的调查，掌握了大量具体详细的张某虐待老人的第一手资料。在做好充分的准备工作后，老李找到了张某。老李刚刚提起张某打骂老人的事情，哪知张某眼一瞪、腰一叉地大吼道："谁说的，谁说我打骂婆婆了？你不要含血喷人啊！"老李看到张某这架势，也气愤地站了起来，义正词严地大声说："张某，你打骂老人，还不承认，你的行为已经触犯了法律，是要承担法律责任的！"震住张某后，老李接着说："别以为你虐待老人的事情我们不知道，国家不会管。除了这一次，上星期就因为老人跟你吵了几句嘴，你就一把将老人推倒在地，你承不承认！"接着，老李把几个月来张某多次打骂老人的事情详详细细地摆在了张某的面前，每次事情的起因、地点、经过以及老人被打的伤势等都说得一清二楚。在铁的事实面前，张某终于低下了脑袋。老李又趁热打铁，对张某进行了相关法律教育。明白地告诉张某，虐待老人，如果情节、后果严重的话，是可以构成犯罪，要追究其刑事责任的。这使张某认识到了事情的严重性。在张某的态度有了明显转变后，老李又趁势对其进行了尊老、孝老的道德教育。老李的说服教育深深地触动了张某，她认识到了自己的错误，表示要向婆婆赔礼道歉，并保证永远也不会再犯这样的错误，做个孝顺的好儿媳。

在这一纠纷的调处中，充分掌握和运用情节要素，是调处成功的关键所在。

五、原因要素的运用技巧

纠纷的原因是指引起纠纷发生的事实。正确分析和认定纠纷的原因，是做好调解工作的基础。由于一些纠纷的原因要素表现得比较复杂，因此，分析认定纠纷的原因有时并非一件特别容易的事情。在技巧方面，原因要素的运用最关键的是要做好下面两种区分。

（一）主要原因与次要原因

纠纷的原因与纠纷的发生是引起与被引起的关系，或者说就是原因与结果的关系。在原因与结果的关系之中，有时会出现一些比较复杂的情况，如"一因多果"或"一果多因"。其中的"一果多因"在民间纠纷中的表现，就是一个纠纷的发生，是由多个原因共同作用而形成的。“多因”中的各个原因在纠纷的发生、发展中所起的作用大小一般都不是完全一样的，也就是说“多因”中的各个原因要素会有一定的主次之分。对于纠纷的发生起主要的、主导性作用的，是纠纷的主要原因；对于纠纷的发生起次要的、辅助性作用的，是纠纷的次要原因。分清原因的主次，是在合理分配责任基础上进行合理调解的基础。实践中，分清原因的主次对于交通事故纠纷、医疗事故纠纷的调解具有特别重要的意义。

例如：

农民工甲拉了一车瓷器去送货，在横穿马路时，被快速行驶中的司机乙驾驶的大货车撞上。价值2 000元的瓷器全部被毁，幸好没有人员伤亡。经交警认定，大货车严重超载、超速。司机乙申请通过人民调解解决，甲也表示同意。调解员张大姐了解了事故情况后认为，对于事故的发生，甲、乙双方都是有责任的。乙超载、超速行车，在驾驶中没有充分履行“注意”的义务，是事故发生的主要原因，其行为属严重违章，应当承担主要责任；甲没有在不远处设立的人行横道上按交通灯的指示过马路，而是违章横穿马路，其行为也属违章行为，对于事故的发生起次要作用，也要承担相应责任。张大姐对事故原因和双方责任大小的分析得到了甲、乙双方的认同，在此基础上，经调解，司机乙赔偿甲1 500元。纠纷在很短时间内得到了解决。

在其他类型的纠纷中，如婚姻家庭纠纷、邻里纠纷、群体性纠纷等，区分主要原因和次要原因的意义还在于，调解纠纷要重点抓住纠纷的主要原因，抓住了主要原因也就抓住了要害、抓住了关键。但是，在突出重点的同时，也要兼顾次要原因。这实际上就是哲学上的“主要矛盾、次要矛盾”的普遍原理在人民调解中的具体运用。

(二) 表面原因与真正原因

每一个纠纷的发生都是有原因的，但是纠纷发生后，在纠纷的调解过程中，有些当事人会出于某种特殊考虑而对纠纷发生的真正原因避而不谈，转而谈一些并非真正原因的“借口”。实践中，当事人避而不谈真正原因的情况虽然并不常见，但也偶有发生。如一些婚姻纠纷，由于涉及羞于启齿的隐私问题，当事人可能避开真正原因，而把纠纷的原因归结到经济、家务等其他方面；再比如一些劳动纠纷，企业本来是因为年龄、怀孕等原因而辞退员工，但出于某种考虑，企业将辞退的理由归结为劳动纪律、质量等其他原因等等。这就要求调解员在调解中必须具备较强的观察力、洞察力，透过表面原因，发现真正原因。

例如：

小丽和晓强从小青梅竹马。经过几年恋爱后，两人结了婚。没想到，结婚刚刚三个月，小丽就住回了娘家，并提出要与晓强离婚。调解员赵主任在调解中发现，小丽在叙述离婚理由的时候，尽讲一些鸡毛蒜皮的琐事，而且支支吾吾、羞羞答答。根据经验，赵主任觉得其中可能另有隐情。赵主任悄悄找到晓强，经反复做工作，晓强终于承认，夫妻闹矛盾的真正原因是自己的生理问题，由于前列腺炎，再加上新婚特别紧张，晓强的性功能出现了障碍。赵主任安慰晓强后，又带着他到医院进行了治疗。没多长时间，晓强的病就治好了。一好百好，小夫妻马上和好如初，一年后，小丽生下了胖娃娃，一家人过着幸福美满的生活。

在这个纠纷的调解中，如果赵主任没有及时地洞察到纠纷的真正原因，该纠纷的解决还不知道要绕多少圈子呢！

第二节　调解语言的运用技巧

语言是交流思想的工具，调解民间纠纷离不开语言这一交流工具。调解过程中要做大量的说服、教育、启发、引导工作，这都要依赖于语言。调解语言的运用技巧是指恰当、得体、适时、艺术地运用语言化解纠纷的技能。调解员的语言运用技巧，说白了，就是调解员在调解中的口才。优秀的人民调解员必须有一副好口才。

语言技巧运用水平在整个调解过程中有着举足轻重的作用。在调解实践中，外在因素相同的案件，甚至同一案件，不同的人去办理，因语言技巧运用的差异往往会产生不同的效果。运用好个人语言表达技巧是调解工作中一个不容忽视的问题。

一、调解语言运用的基本要求

（一）宜通俗易懂，忌故弄玄虚

人民调解的纠纷，大多数是民间的、人民内部的小矛盾、小冲突。纠纷的当事人，绝大多数是基层群众，很多当事人的法律、文化水平并不很高。而且在人民调解过程中，当事人基本上不会像许多诉讼当事人一样请有律师。因此，通俗易懂就成为对调解语言的一个基本的要求。如果调解员的话让当事人根本听不懂，那么调解的效果当然也就无从谈起。人民调解员在与当事人交谈时，要尽量避免使用太多的文言文、书面语，不可追求华丽艰涩的辞藻，更不可故弄玄虚，卖弄学问，堆砌抽象的原理和专业性很强的术语，让当事人云里雾里、摸不着头脑。在调解过程中，如果需要向当事人解释有关法律规定，应尽可能地深入浅出，以贴近老百姓实际生活的小故事来阐明大道理。比喻、类比、俗语、歇后语等大众化语言的运用，往往能增强语言的表现力和感染力，更容易使谈话对象接受。

（二）宜准确鲜明，忌含糊其辞

在语言交流过程中，语言表达的准确鲜明是交流顺畅的重要条件。内心的愿望、想法、要求，通过准确鲜明的语言表达出来，才能使对方清楚明白地理解。调解语言的准确鲜明，要求调解人员在调解时，对事实的陈述简明扼要、层次分明；对当事人的说服、教育有理有据、富有逻辑。否则，糊里糊涂、模棱两可、似是而非的语言表达，则容易造成误解或形成交流沟通的障碍。调解人员的含糊其辞甚至还会给当事人留下是非不分、头脑不清、水平不高的印象。

（三）宜慎言多听，忌擅下结论

语言交流包括听和说两个方面。在人民调解实践中，"说"是一门艺术，"听"也是一门艺术，处理好"说"和"听"的关系更是一门艺术。在调解中，倾听有着特别重要的意义和作用。通过倾听，可以了解情况、查明事实；通过倾听，可以使当事人宣泄情绪、平静心情；通过倾听，可以暂缓表态，避免授人以柄。相反，如果缺乏"听"的耐心而急于发表自己的见解和意见，则当事人未必听得进去。在对纠纷的各方面情况缺乏全面了解的情况下滔滔不绝、口若悬河，不仅难以解决问题，而且容易造成"言多必失"的不利后果。调解员一旦说错话、表错态，将会使调解非常被动。因此，慎言多听、不擅下结论，应该是调解语言技巧中一个非常重要的方面。它的基本要求包括：第一，要乐于倾听、善于倾听，把听当成一种重要的调解方法和手段。第二，在调解的事实调查阶段，要多听少说，不要急于表态，更不要随意承诺。第三，在听的过程中，"不可不信，也不可全信"，当事人的话可能只是"一面之词"，要善于通过倾听发现问题，尤其要全面听取各个当事人的意见，做到"兼听则明"。第四，说话要谨慎，不说不负责任的话，不说违背法律、政策的话。

例如：

张大娘与儿媳周某关系一直不好。最近，张大娘要将儿子、儿媳一家赶出去住，儿子一家没有其他住处，坚决不走，婆媳关系一下子变得非常紧张。这一天，张大娘又要撵他们走，儿媳周某气得掀翻了桌子，张大娘站在家门口破口大骂，引得周围很多群众围观。居委会的调解员李姐闻讯赶到后，先把张大娘劝到了自己家中。在李姐家，张大娘一把鼻涕一把泪，哭哭啼啼地诉说着媳妇的"不贤不孝"。连续两个晚上，张大娘在李姐家倾吐了多年的积怨。这个过程中，李姐并不多说话，只是专注地倾听着。通过倾诉，张大娘的情绪平静了很多，李姐也了解到了很多情况。随后，李姐又把周某请到家中，周某也是连续两晚哭哭啼啼地诉说了自己的“冤屈”、婆婆的“恶行”。

正像李姐所预料的，通过诉说，婆媳两个好像都出了气、抱了怨。李姐还没怎么动口调解，双方的紧张情绪已经有了很大程度的缓解。经过多日的倾听，李姐全面掌握了纠纷的来龙去脉、是是非非。其实婆媳双方都有做得不对的地方，双方矛盾也都是一些鸡毛蒜皮的小事情。在全面掌握纠纷事实的基础上，李姐对婆媳双方进行了适当的说服、劝解、批评和教育，使张大娘与儿媳和解，家庭重归和睦。

在这一纠纷的调解中，李姐把“听”当作重要的调解手段。通过“听”，缓解了当事人的情绪，弱化了当事人之间的对立和冲突，充分掌握了纠纷情况，为进一步的调解奠定了基础。

（四）宜留有余地，忌绝对极端

调解员在调解中，说话要有分寸、留余地，不要把话说得太死、太绝对。这样做，并不是圆滑，而是调解工作本身的实际需要。调解员的任务是促成当事人达成协议，解决纠纷。但调解中的很多事情，如当事人是否接受调解、能否达成协议、达成什么样的协议等，调解员自己是无法决定的，有许多事情甚至是无法预知的。因此，留有分寸、避免绝对极端，是调解语言的又一个重要的技巧。它的主要要求包括：

第一，对当事人的是非评判应有分寸。调解员在调解中经常会遇到当事人的质问：“你说是我对？还是他对？”这时调解员回答：“他有做得不对的地方，但你的做法也不是一点错都没有”，显然就比说“你对，他错”要好很多。

第二，对纠纷处理结果的预测应有分寸。当遇到“调解能成功吗”、“调解解决比诉讼解决好吗”等类似问题时，调解员的回答可以有一定的倾向性、说服性，但要避免绝对化。

二、调解语言的具体运用技巧

在调解过程中，调解语言的巧妙运用可以使调解获得理想的效果。调解过程中，调解员要善于说好以下几种常用的调解语言。

（一）说好定心顺气话

定心顺气话是安定情绪的话，是调解纠纷的前奏曲，是促成纠纷化解的切入点。当事人之间产生了纠纷，情绪一般都不稳定，有的火冒三丈，有的粗暴蛮横，有的急躁不安，有的郁闷痛苦，有的会萌发轻生的念头。这些异常的心理状态，都不利于化解纠纷。因此，通过语言使当事人安定下来就显得非常重要。对粗暴蛮横的当事人，要直言正告，使其恢复常态；对急躁不安的当事人，要耐心劝其冷静下来；对郁闷痛苦的当事人，要婉言抚慰，使其得以宽心；对萌发轻生念头的当事人，要真诚开导，使其回心转意。无论对哪一种当事人，首先都不妨说一句："问题既已发生，总要得到解决，请相信政府，相信我们，问题一定会得到公正的处理。"这样，当事人的心灵会得到慰藉，情绪会得以稳定。讲好定心话，要注意两点：第一，细心观察，掌握当事人的情绪特点；第二，区别对待，选择好合适的表达口气。

有些人虽然违反了道德准则，但没有触犯法律或法规，因而不能将其绳之以法。在这种情况下，"受害方"极易头脑发热、情绪偏激，甚至做出出格的事，从而将"小事"弄大。为了防止受害方情绪失控，调解员首先要做的就是"安定情绪，顺气灭火"。

例如：

在司法所实习的小高和赵所长在街坊里曾遇到这样一件事，一户人家的女主人正手拿菜刀，要对一个张姓男子下手。原来，离异后的女主人两年前认识了独身无业的张某，很快便与之同居，并不惜钱物供张某享用。没想到几个月前张某却又和另一个女青年走到了一起，要和女主人分手。女主人对此焉能不气？

见女主人又打又闹，赵所长先将其手中的菜刀夺下，然后找张某谈话。待明白了事情原委后，小高就奉劝女主人："你们虽然谈了两年对象，可是没有领结婚证，还不是合法的夫妻。他现在看上了别人并准备和她结婚，属于婚姻自由，我们也无权干涉。如果涉及财产赔偿的话，你可以同他协商，协商不成再到法院起诉。"小高说得虽然很正确，可处在气头上的女主人岂能接受这一冰冷的法律现实，于是就大喊道："我不用你们管了，你们走吧，我自己能解决，我非跟他拼个你死我活不可。"说着就往外冲。赵所长经验丰富，马上来到女主人面前："你要干什么？"女主人边冲边说："这事不归你们管，你们拿他没办法，我有办法。"赵所长提高了嗓门："谁说不归我们管？他张某要是不把这事处理好，我就处罚他！你先坐会儿，等我把事情调查清楚了，我该教育他就教育他，该处罚他就处罚他。"听赵所长这么一说，女主人情绪稳定了一些。

接着，赵所长又斥责了张姓男子"脚踩两只船"的不道德行为，然后说："你也看见了，要不是我们拦着，她今天非拿刀跟你玩命。这事说到天边也是你的不对，不论想什么方法，你都得把事情处理好，否则出现一切后果你都脱不了干系！"赵所长的这些话，让女主人的情绪最终完全稳定下来。在和张某深谈了一次后，她最终达到了自己的目的。

在这个案例中，赵所长的话就很好地起到了顺气灭火的效果，先说要处罚张某（其实处罚不了），目的是稳定女主人的情绪，而后才开始做双方的工作。

（二）说好幽默风趣话

在日常生活中我们都有这样的体会，口才好的人往往都幽默风趣。调解员的幽默风趣会给调解增加轻松愉快的气氛，为调解的成功增加砝码。幽默风趣话诙谐、生动，爽快之中含启示，笑谈之中寓哲理，幽默而不含糊，通俗而不失雅，是思想教育和调解纠纷的有力武器。善于采用幽默而风趣的语言，不失为化解纠纷的一手绝招。面对剑拔弩张、势不两立的当事人，自然得体的风趣话，往往能缓解激动的情绪，调节紧张的气氛，消除拘谨不安，避免矛盾激化，从而收到神奇的效果。幽默而风趣的语言具有和善性和教育性。它委婉自如，给人以温和友善之感，能使当事人体会到说话人的温厚和善意，从而缩短了调解人员与纠纷当事人之间的距离，增强了相互信任的基础。在这种情况下，调解人员的调解语言就变得容易让人接受，有助于融洽三方的关系。比如，对夫妻之间的纠纷，用"一日夫妻百日恩，百日夫妻似海深"和"小两口吵架不记仇"的话语进行调解，就能起到很好的效果。

（三）说好褒扬训诫话

期望被赞许，不愿被反对，是人类的共性。在调解中，及时地、充分地对当事人的优点长处予以褒扬激励，有助于满足当事人的心理需求，有助于良好调解气氛的形成，也有助于动员说服被褒扬者作出一定的妥协和让步。

但是，在调解中多表扬、多肯定，并不等于就不能批评、训诫。对于是非观念薄弱、无理取闹、胡搅蛮缠的当事人，批评教育是非常必要的。调解员要敢于批评，严肃指出如继续坚持错误观点的后果，促使当事人改变其错误观点。尤其是在紧急情况下，为了及时控制事态发展，防止纠纷激化，对那些固执己见、胡作非为、不听劝告的人，应有直面矛盾的勇气，敢于严厉批评、训诫，以法律政策为据反驳对方的错误观点，晓以利害，使其受到震慑并知难而退。

（四）说好冷言反语

策略性是调解语言技巧的重要方面。说话并不一定非要直来直去、直奔主题。有时候，不以"热语"相劝，而以"冷言"相激，或欲擒故纵，反其道而"说"之，也会取得很好的效果。

例如：

一对平时关系不和的婆媳，这天又因为琐事由口角发展成了相互殴斗，婆婆先动手打了媳妇，而媳妇则咬破了婆婆的手。

司法所刘调解员到达现场后，先让婆婆的儿子将她带到医院去看伤，后向儿媳询问了情况。待婆婆和儿子从医院回来后，刘调解说员："都是一家人，一会儿我让她给您赔礼道歉，怎么样?”婆婆说：“仅仅赔礼道歉绝对不行，她敢打婆婆我，我跟她没完!”刘调解员板着脸说道：“既然这样，我们就公事公办吧，我这就叫派出所来人，按照殴打他人的罪名拘留她。”然后又对儿子说：“把你媳妇叫回来，惹这么大的祸还上什么班？你媳妇所在的工厂是合资企业，据我所知，厂里规定，凡是因打架被公安机关处理的，厂里发现一个开除一个，有这么回事吧?”“有这个规定，算了吧，千万别拘留她，她找这个工作也不容易，再说了我们孩子也离不开她呀。”老实巴交的儿子乞求道。刘调解员故意说：“她殴打他人，按照法律应当治安拘留7到15天，她这样的媳妇就应该被抓起来，应该被工厂开除。”

接下来，刘调解员对婆婆说：“我先给您取个笔录吧。”婆婆也心软了：“算了，算了，我就饶她这一回，让她接受接受教训。”刘调解员说：“您说算了就算了呀，她违反了法律，不拘可不行。”婆婆着急了：“我们是一家人，一家人打架违反什么法了？我这手伤得也不重，不用你们管了还不行。”

直到这时，刘调解员才和颜悦色地说：“既然您不追究了，那我就说两句。在一块儿过日子，您老那嘴别那么厉害，你儿媳妇又上班又操持家务多么不容易啊！再说了，你们俩打架，最难受的是您儿子，他夹在中间多难受！您的儿媳妇我已经批评过了，这事就这么结了，她下班回来您可不能再说别的了啊。”

在上面的案例中，刘调解员其实始终在做亲情诱导，只不过是通过另一种方式表现出来。不用“热语”相劝，而是“冷言”相激，话反着说，收到了比直说还好的效果。

第八章　几种常见纠纷的调解方法与技巧

人民调解的最主要功能是预防和调处民间纠纷。一起纠纷的调解成功与否，与调解人员的方法和技巧有着重要的关联性。调解方法、技巧的选择，要考虑纠纷的当事人、时间、地点等因素，更要考虑纠纷本身的类型。某一种类的纠纷，总有着该类型纠纷本身所固有的一些特征，同一种类的纠纷在调解方法和技巧上也会存在一定的规律性。调解人员必须加强学习，善于总结，善于针对不同性质、不同类型的民间纠纷，综合运用适当的调解方法和技巧，完成人民调解的根本任务。

第一节　群体性纠纷的调解方法与技巧

一、群体性纠纷的概念与特点

所谓群体性纠纷，是指由某一件事或某个具体的利益冲突而引发的，参与人员多、涉及范围比较广、社会影响比较大的纠纷。该类纠纷的特点是：

（一）涉案人数多，规模大，影响大

一起群体性纠纷，聚集参与的人数少则十来人、几十人，多则数百人、上千人。这类纠纷一旦发生，会引起社会各界的广泛关注。这类纠纷的社会影响很大，如果解决不及时、不到位，会严重影响社会的安全与稳定。

（二）纠纷原因多样化

引发群体性纠纷的原因比较复杂多样，包括物业管理方面的纠纷，拆迁、占地引发的纠纷，企业转制引发的纠纷等等。但近年来，数量比较多的是劳动争议引发的群体性纠纷。用人单位拖欠工人工资、突然大量裁员、用人单位突然停业、老板突然逃匿等，都是引发群体性纠纷的重要原因。

（三）调处的压力大、难度大

由于纠纷的规模大、影响大，案情复杂，一旦处理不当，其后果特别严重，因此，群体性纠纷往往会给调解人员带来巨大的心理和精神上的压力。群体性纠纷调处的难度一般也比较大，涉及的问题往往比较复杂，纠纷事实的掌握、法律依据的适用、调解时机的把握等都会有较大的难度。

(四) 纠纷当事人的行为性质易发生转化

群体性纠纷在最开始阶段，一般是群体的某方面利益的要求得不到满足，其利益要求具有一定的合理性。但是，当要求没有得到满意的答复或者及时的满足时，就容易出现到政府和交通要道静坐、请愿等过激行为，有的甚至以非法集会、游行等非法形式来表达愤怒和要求，以期获得同情，给政府和相关部门施加压力，使政府威信和司法权威受到严重挑战，大大影响了社会稳定。

(五) 对抗性强，矛盾激烈，容易激化

以劳动争议引发的群体性纠纷为例，其纠纷群体一方多为弱势群体，双方争议的内容往往直接关乎劳动者的基本生存权利，尤其是涉及对劳动者除名、辞退、减员的案件，用人单位为了自身经济利益和竞争发展的需要，强调企业用人自主权，而劳动者在面临失业时也决不退让，双方的矛盾很难调和，情绪极易波动，处理稍有不慎，就容易导致静坐、围堵交通、集体上访等严重干扰社会秩序的突发性事件。

二、预防和调处群体性纠纷的方法与技巧

(一) 在思想上要增强做好预防和处置群体性纠纷的紧迫感和责任感

群众反映的问题，有其存在的物质基础和现实意义。我们应该把预防和处置群体性纠纷工作的重要性提高到“三个代表”重要思想的高度来认识，从思想上重视起来，防止因工作原因使纠纷进一步激化。这要求我们：第一，要树立群众观念。各级各部门要把群众利益摆在第一位，真正做到权为民所用、利为民所谋、情为民所系。第二，要以高度负责的态度，认真对待群众反映的问题，不推诿、不拖延。第三，应建立起信息快报制度，严格按照“抓早，抓小、抓苗头”和“早发现、早报告、早控制”的要求大力加强情报信息工作，及时了解和掌握本辖区存在的各种不安定因素，超前分析预测，增强工作的针对性。

(二) 立足预防，重在化解，防微杜渐，力求把纠纷化解在萌芽状态

群体性纠纷的发展一般表现为萌芽—发展—爆发的阶段性过程，强化群体性纠纷的预防调处机制，就是要努力把工作重点放在第一阶段，把问题解决在第二阶段，尽量不使矛盾发展到第三阶段。群体性纠纷中的群体一方虽然有着共同的利益诉求，但在初始阶段，这种利益诉求往往只是个别的、分散的，若预防调处机制在此时不能发挥作用，分散的诉求、情绪便会很快影响、同化具有相同利益的人，从而引发群体性纠纷。因此，这就要求基层人民调解组织运用预测、预报、预防等有效措施，把工作重点放在事前，预先掌握不稳定因素的情况，及时调解，使复杂矛盾得以控制，把问题解决在基层，

解决在萌芽状态。

（三）广泛借力，动员各方力量，多管齐下

在群体性纠纷的调处中，人民调解组织应当有所作为。但是，群体性纠纷涉及的人员比较多，问题比较复杂，单凭人民调解组织的力量显然是不够的。这就要求人民调解组织在群体性纠纷的调处过程中，要广泛借力，动员社会各方力量，共同参与。调解组织要与党组织、政府、公安、工会等分工合作、密切配合、群策群力，使问题及时得到解决。在调解中，遇重大问题应及时向上级领导机关汇报。

（四）迅速、及时作出反应

群体性纠纷如果处理不及时，很可能造成事态的扩大，引发严重的后果，因此，调处群体性纠纷必须迅速、及时。调解人员发现纠纷应及时赶赴现场，防止事态扩大，了解情况，找准切入点，为处理事件赢得时间。

（五）抓重点、抓关键，找准突破口

调处群体性纠纷不能“胡子眉毛一把抓”，要找准矛盾焦点及关键人物，对事情的起因要据实查清，找出矛盾纠纷中的关键人物，积极有效地做好他们的思想工作。在调解过程中，在全面掌握纠纷情况的基础上，要注意找准调处纠纷的突破口。当然，突破口的寻找具有相当的难度，实践中，当事人的某些不合法、不合理的做法，通常可以成为调解工作的突破口。

（六）积极疏导、冷静处事

群体性纠纷发生时，多数群众持观望心理，在纠纷冲突的现场，经常会有很多群众围观。群众的围观，在很大程度上会刺激当事人产生做出冲动行为的情绪，给纠纷的调处增加难度。因此，在讲清法律、法规和政策的同时，要及时疏散观望的群众。对群众提出的问题，能答复的要及时答复，并要一件一件抓落实，使调解工作容易为群众所接受。处置群体性事件要保持清醒的头脑，对个别发牢骚，甚至有过激言行的群众，要做到心细言慎、冷静处事，绝不能因调解人员自身的原因造成矛盾升级，尽量避免贻误工作。

例如：

2006年春节前夕，南方某市的一个社区里，安×建筑公司门口聚集了100余名工人静坐。社区调解员马上赶到现场了解情况。原来，他们是一建筑工地小包工头林某雇请的工人。这几天工程完工，大家找林某结算工资，结果林某突然不见了踪影。眼看年关将至，只好请发包方安×建筑工程公司协助他们寻找林某。工人们告诉调解员，他们在这里已经等了两天，还没有打听到林某的消息，大家正商量准备到政府上访讨个公道。调解员意识到情况严重，一边稳住工人的情绪，一边向街道劳动所和街道调委会报告。

街道劳动所的工作人员接报后，立即赶到现场。经向安×建筑工程公司的负责人调查，了解到该公司三天前已将100多位民工的工资35万元交给了林某。调查中还发现，未经工商登记的林某不具备用工主体资格，也未按规定与民工们签订劳动合同，没有留下任何承包工程的相关资料，甚至连工人的出工时数、工时工资等都没有登记造册。劳动监察员初步怀疑林某携款潜逃。看到安×公司负责人和政府工作人员神色凝重，工人们内心焦急，情绪也激动起来。他们把安×公司的负责人团团围住，不断叫喊“你们公司监管不力，应负全部责任。我们要工钱！我们要血汗钱！”安×建筑工程公司的负责人分辩说工程款已拨给了林某，工人们应该找林某算账，安×公司没有责任，也没有钱再支付他们的工资。双方态度对立，形势一触即发。失望的工人们开始控制不住自己的情绪，有的要追打安×公司的负责人，有的准备动身到市政府上访。

就在这时，街道调委会调解人员赶到现场。他们先稳住欲上访的群众，制止了追打，并劝说工人们暂时离开，推举工人代表留下介绍情况、解决问题。在大多数工人离开，局面得到初步控制的情况下，调委会工作人员与街道劳动所的工作人员在详细了解了纠纷事实的基础上，对安×建筑工程公司的负责人进行了法制宣传教育，指出该公司将工程分包给不具相应资质的人，对这次欠薪事件负有不可推卸的责任。应该采取措施，避免工人上访，防止产生不良的社会影响，自觉维护社会稳定。对携款潜逃的林某，安×公司可以通过法律途径追究其责任。公司应该根据《中华人民共和国劳动法》、《××市员工工资支付条例》的有关规定，尽快筹集35万元，向工人们垫付拖欠的工资。劳动部门还当场向公司送达了《责令整改通知书》。在不容置疑的违法事实和面临法律制裁的压力下，安×建筑工程公司的负责人终于答应第二天先行垫付工人工资款人民币35万元。

第二天，在街道调委会、社区调解人员的监督下，工人们领到工资后满意地离开了。

这起群体性纠纷之所以能得到比较圆满的解决，与以下几个因素是分不开的：第一，调解人员和相关组织思想上高度重视；第二，调解工作迅速、及时，赢得了时间，避免了事态的扩大；第三，调解组织与劳动部门密切配合；第四，突破口找得准，从安×建筑工程公司工作上的违规、疏漏这一突破口切入，是这一群体性纠纷得以快速解决的关键。

第二节　土地承包纠纷的调解方法与技巧

很长一段时间以来，农村土地承包纠纷的数量一直都比较多，此类纠纷的调处也成为人民调解组织经常要面对的工作。

一、土地承包纠纷的概念与类型

土地承包纠纷实质上就是农村土地承包合同纠纷。农村土地承包合同是指农村集体经济组织（或者村民委员会）作为发包方，与承包方之间就集体享有所有权或使用权的土地、山岭、草原、荒地、滩涂、水面等自然资源所签订的承包经营合同。农村土地承包经营合同制度大大提高了农业劳动者的生产积极性，从而使家庭承包责任制成为农业生产的基本经营方式，成为党在农村的一项基本经济制度。因此，正确及时地调处各种农村承包合同纠纷案件的意义就非常重大了。但是，土地承包纠纷地调解乃至诉讼审理和执行都比较棘手，原因在于土地承包纠纷的情况比较复杂，相关的法律、法规规定得不够详尽等等。

农村土地承包纠纷从成因上分析，主要有以下一些类型：

（1）承包方与发包人之间发生的纠纷。主要表现为发包人擅自毁约、将土地另行发包给他人、发包人单方提高承包金；发包人不能按合同规定及时将土地交付承包人使用、不能保证承包人安全地使用土地等。承包人违约的情形主要是不按时交纳土地承包金。

（2）第三方对土地承包合同不服，而对合同当事人双方提起诉讼，要求解除合同，重新进行土地承包。

（3）土地承包人对第三方，主要是当地村民，提起停止侵权的诉讼，要求法律保护其正常的生产经营活动。

（4）外嫁女为争得土地承包权与村集体组织发生纠纷。

（5）先弃后取，引发纠纷。一些农民承包集体土地后，没有使用土地，造成土地荒芜，其他人趁机利用，进行种植。而承包人以土地经营权是自己所有为由，要取回土地及其上的农作物，与种植人发生纠纷。

（6）土地承包人前手与后手之间因土地投入问题产生矛盾，出现纠纷。原承包人因对土地投入的成本（如基建项目投资），在承包期间没有消耗完，而要求新承包人给予补偿，新承包人不能接受而引发纠纷。

二、土地承包纠纷的调解方法与技巧

（一）做好法制宣传，加大普法力度

向广大村民，包括村干部，普及法律知识，特别是《土地管理法》、《土地承包法》等法律、法规及有关政策，采取发放法律手册、明白纸等形式，使村民领会、理解相关的法律规定，及时了解党和国家有关农业发展的新政策和和新规定。这样可以为依法进行土地发包奠定良好的基础，也为土地承包纠纷的预防和化解奠定一定的基础。

（二）查明事实，分清是非，明确责任

必须以事实为根据，在查明事实、分清是非的前提下明确双方应承担的责任。对于土地承包纠纷来说，最重要的事实是土地承包、土地承包权转让等合同的签订是否真实、合法、有效，是否有重大的“情势变更”事项等等。

例如：

当事人孙某和罗某均是红×村第五村民组人，1999年，孙某经他人介绍将自家四人口承包地转给“倒插门”到外村的罗某，2003年，孙某又将宅基房出售给罗某，罗某全家从外村迁至红×村落户，孙某全家外出打工。2007年3月，孙某回村要收回承包地，罗某拒绝其要求，至此二人矛盾激化。司法所和村委会多次上门协调，孙某仍坚持要收回一半的承包地，但罗某就是不同意。司法所和村委会针对这一特殊情况，进行了认真分析，认为罗某全家靠这四个人口的承包地生活，如还孙某一半承包地，生活将出现困难。当时土地流转承包是经二人协商同意，属合法有效协议，并且从1999年至2005年期间，罗某均能如期缴纳农业税，且罗某已购买了孙家的宅基房；孙某全家外出打工，已有稳定收入来源，现因农业税取消，又有粮食补贴和农业开发等惠农政策，见有利可图就要收回承包地，不合情理，于法无据。司法所和村委会本着这一思路再分别做工作，结果双方各退一步，自愿和解，罗某同意还孙某一个人口的承包地，至此两家的土地纠纷得以圆满解决。

在这一纠纷的解决过程中，司法所查明了事实、分清了是非、明确了责任，同时在此基础上，做了适当的灵活处理，使纠纷得到了较好的解决。

（三）原则性与灵活性相结合

这是指在分清是非、坚持法律与政策规定的原则基础上，具体考虑双方实际情况，实事求是地解决纠纷。要注意以有利于生产发展为立足点，灵活运用法律和政策。调解此类纠纷要依照法律、法规、政策进行耐心细致的说服工作，但对于法律条文应注意从其立法本意加以理解，并灵活运用。比如，耕地承包期限为三十年，其本意是保持土地耕种的稳定性，保护和利用好耕地。而有人简单理解为三十年不能调整，从而带来了很多地方的“人地矛盾”。为解

决这类矛盾，不少地方已总结出一些灵活机动的办法，如有的村在总体上三十年不变的前提下，经村民会议或村民代表会议讨论，五年进行一次小调整，即五年以内人口减少的，将相应土地交出；人口增加的按人均土地数量增加土地。这样既保证了总体上土地承包的稳定性、连续性，又可根据人口增减及时进行小范围的调整，有效地减少了人地矛盾和上访案件，维护了农村的社会稳定。因此，对于法律规定不能机械地理解，不能认为“三十年不变”，就是三十年内“减人不减地，增人不增地”。但这种“五年一次小调整”要经过民主议定程序及相应审批程序通过，并且不违背法律规定。总之，应全面深刻理解法律条文，并以促进生产、维护稳定为原则加以灵活运用。

（四）争取有关部门的配合与支持

土地承包纠纷涉及有关各方的，要主动与他们联系，听取他们的意见，取得他们的配合与支持，妥善解决问题。

第三节　离婚纠纷的调解方法与技巧

一、离婚纠纷的概念与特点

离婚是指夫妻双方依照法定条件和程序解除婚姻关系的法律行为。它是与婚姻的成立相对的，故又称婚姻的解除。离婚纠纷是指夫妻之间因离婚问题而产生的纠纷。主要是因夫妻一方要离婚，另一方不同意离婚所产生的纠纷；或由离婚时夫妻财产的分割、子女监护权的归属等相关问题所产生的纠纷。离婚纠纷的主要特点是：

（一）离婚纠纷的原因具有多样性、复杂性

有因经济原因提出离婚的，有因第三者插足提出离婚的，也有因生理、生育原因提出离婚的，还有因婆媳关系、出国等原因提出离婚的等等。有不少离婚纠纷，其原因不是单一的，而是多方面原因综合作用的结果。

（二）离婚纠纷的内容具有多样性、复杂性

在离婚纠纷中，往往不仅有是否离婚的争议，而且经常还会有房子、孩子、钱财等方面的争议。这些争议交织在一起，形成离婚纠纷的复杂性，也增加了离婚纠纷调处的难度。

（三）离婚纠纷具有浓厚的感情色彩

感情是婚姻的基础，感情完全破裂是离婚的法定条件。离婚纠纷中，会有一定的利益争议，但夫妻之间的感情是否破裂，是否还有挽回的余地，是调处离婚纠纷时首先要考虑的问题。

二、离婚纠纷的调解方法与技巧

在民间纠纷案件中，离婚纠纷占了相当大的比例。此类纠纷不但涉及婚姻关系，还会涉及子女、财产以及债权、债务问题；不仅关系到当事人双方，甚至会涉及、惊动当事人的亲友以及社会相关人员和部门。离婚纠纷的妥善解决与否，不但关系到调解组织的办案质量，也关系到双方当事人的生活和命运，更关系到社会的稳定与发展。因此，离婚纠纷的调解，一直是人民调解工作的重点。调解离婚纠纷，要注意以下几个方面。

（一）更新观念，该“调合”则“调合”，该“调离”则“调离”

受传统思想观念的影响，有些调解人员仍然抱着“宁拆十座庙，不拆一家亲”的想法，重视“调合”、忽视“调离”，甚至认为双方调解离婚也是调解工作的失败。这种想法是错误的。有些离婚纠纷，夫妻感情确实已经完全破裂，对于这类离婚纠纷，如果“调合”不成，调解员就应当引导其文明离婚，不能久拖不决，以避免矛盾激化，造成更严重的后果。

（二）以诚待人，赢得信任

作为离婚案件的调解者，调解人员首先必须赢得双方当事人的信任。这是进行调解的基础，如果没有这个基础，则调解工作就无法进行。那么调解人员应如何赢得当事人的信任呢？关键是要以诚待人，多从当事人的角度考虑问题，使当事人感觉到调解人员真的关心自己，从而相信调解人员，听从调解人员的调解。具体应做到：第一，耐心倾听当事人的陈述，这是最主要的。离婚纠纷当事人往往有许多话压抑在心头，调解人员如能耐心、真诚地听当事人把想说的话全都说出来，当事人就会感觉到你对他是重视的，从而对你产生信任感；第二，了解、关心当事人生活、工作上的困难，帮助他们想办法、找对策，甚至可以动员有关人员、机关来帮助他们解决困难；第三，对当事人过分的言行和错误的行为表示理解、体谅，并委婉地指出其错误，让其乐于接受调解人员的批评；第四，调解过程要态度和蔼、言语亲切、说理通俗、符合情理。

（三）透过现象看本质，注意利用冷处理法

有些离婚纠纷的当事人，往往表现为情绪激动，急于倾诉心中的苦水，不断罗列对方的不是。仔细分析，这种当事人之所以激动、诉苦，并陈述对方的不是，是因为他（她）仍在意双方的婚姻，仍在意对方。如果双方感情确已破裂，当事人反而会更冷静、更灰心，甚至不愿讲太多的话。因此，对于上述的当事人，调解人员只需静静地听其发泄、倾诉，等到他气消了，再进行调解，给个台阶，比如让对方赔个礼、道个歉等，往往很容易成功。相反，如果当事人正在气头上，调解人员不让其发泄、倾诉，而直接进行调解，往往会火上浇

油，适得其反，甚至激化矛盾，导致调解失败。

（四）抓主要矛盾，对症下药

当事人提出离婚的理由通常多种多样，但其中往往会存在一个主要的、主导性的原因，如家庭暴力、重男轻女、第三者插足、婆媳关系、经济问题、性格不和等等。调解人员必须善于观察和分析，找出其中的主要矛盾，从而根据情况，对症下药。如对家庭暴力、第三者插足等一方有明显过错的，在调解中要对过错方提出批评，劝其改正错误，并劝说另一方给其改正错误的机会。对性格不和的，要引导双方多做自我批评，多看对方的优点、长处等等。

（五）利用当事人亲友的影响，形成浓厚的调解氛围

要注意利用当事人父母、子女的力量，通过亲情诱导，软化双方关系。同时，各当事人都有一定的社会生活圈子，也必定有一些比较亲近、知心的亲戚、朋友，这些人对其影响有时甚至超过家庭成员。根据需要，可以邀请他们参与离婚纠纷的调解。

（六）留给当事人适当的和好时间

这一做法有点儿类似于冷处理法，主要适用于：调解人员如果经过一次、两次，甚至多次调解，仍然没能调合，但又发现当事人有和好的可能，这时不妨将纠纷的调解放一放。这样做，一方面当事人的亲友会通过各种途径、方法促使当事人和好；另一方面，双方当事人经过一段时间后，其情绪可能稳定下来，更能正确客观地看待自己的婚姻以及双方的矛盾，从而改变初衷，主动和好。这对于可能和好的离婚纠纷来说是必要的。

第四节　赡养纠纷的调解方法与技巧

一、赡养纠纷的概念与特点

赡养纠纷是指年老父母与成年子女之间就父母的赡养问题所产生的纠纷。近年来，赡养纠纷数量呈逐年上升趋势，尤其在农村地区，虽然经济发展了，人们的物质生活水平提高了，但老年人的养老状况却不容乐观。这为和谐社会的构建带来些许不和谐之音。赡养纠纷的主要特点是：

（一）赡养费的给付可能只是此类纠纷的表面矛盾，其他家庭矛盾纠纷可能才是冲突的根源

许多赡养纠纷，表面上只是老年父母向儿女追索赡养费，但隐藏在背后的，有可能是其他家庭矛盾。例如：兄弟姐妹众多，相互之间推卸责任，或者子女经济状况的差别导致经济条件差者依赖其他人多承担义务；婆媳关系或妯

娌关系紧张影响到赡养义务的履行；父母对各子女照顾程度的不同或在分家析产时的不均，致使部分子女心理不平衡而不愿履行赡养义务等等。真正因经济问题拿不出赡养费导致的纠纷并不多见。

（二）亲情的维系在此类纠纷中具有重要的意义

赡养纠纷主要是父母与子女之间的纠纷，作为义务履行者的子女，不可能完全不考虑到父母对自己的养育之恩和血肉亲情，即使与父母之间可能存在这样或那样的矛盾，但在亲情的感化和维系下，大多数人都能不计前嫌，认识错误，承担起赡养父母的义务。唤起亲情，发挥亲情的力量在这类纠纷的调解中有重要作用。另外，维系父母与子女之间的亲情还是这类纠纷调解的重要目的之一。在调解中，如果只是解决了老人的赡养费用问题，却使父母与子女之间的亲情遭到破坏，那么便很难说这个调解是成功的。

（三）赡养纠纷涉及的调解项目繁多

一般而言，赡养纠纷需要调解的项目较多，如房屋的居住、金钱的给付、债务的承担、油米柴盐等生活必需品的给付、承包地的耕种、医药费的负担、生病期间的护理、丧葬事宜的费用承担等，这些调解项目实际上都是子女义务的分担问题。当事人对其中某一项调解内容的异议可能会影响到整个调解协议的达成。

（四）社会舆论对此类纠纷的解决有重大影响

不孝顺父母的行为在当今社会，尤其在农村，会被他人所不齿和指责。不履行赡养义务则是不孝顺父母的最典型表现。一般来说，赡养纠纷会在当地形成不小的影响，亲戚、朋友、邻居、村干部等人往往都会积极协助进行调解，他们对当事人的劝说甚至指责都会给其形成强大的思想压力，促使当事人达成调解协议。

二、预防和调处赡养纠纷的一般原则与方法

（一）加大普法宣传的力度

宣传《婚姻法》、《老年人权益保障法》的相关内容及尊老敬老的道德规范，提高群众赡养老人的法制观念和尊老敬老的自觉性，为预防和调处此类纠纷奠定社会基础。

（二）丰富调解方法，做到耐心、细心、诚心

总体而言，赡养纠纷的调解工作与其他纠纷的调解也是大同小异的，但因为这类案件自身固有的特点，应当做到更有耐心、更加细心、更有诚心。要耐心联系和安抚当事人，耐心听当事人的倾诉，耐心做当事人的说服和教育工作；细心安排调解时间，尽可能通知双方到场，细心照顾老年人的情绪变化，

细心保证调解内容的完整；以诚心对待当事人，用诚心感化当事人。

（三）找准矛盾焦点，有的放矢

对调解工作而言，其主要目的是就赡养纠纷达成调解协议，但对赡养纠纷而言，其往往又会牵扯到其他家庭矛盾纠纷。因此，在调解过程中，既要将调解重点放在赡养纠纷的解决上，又要以其他矛盾纠纷的解决为切入点，有时也有必要解决当事人的其他家庭矛盾纠纷。这要求调解人员要找准矛盾焦点，有的放矢，既要注重调解效果，又要讲求工作效率。

（四）利用道德感化，找准法律与道德的结合点

不履行赡养义务既可以由法律来调解，同时也受到道德的约束。在调解中，应当动之以情，晓之以理，不仅要从法律的角度做当事人的思想工作，更重要的是从道德的角度让当事人明白赡养老人是其应尽的义务。

（五）物质与精神相结合

不能将赡养纠纷问题单单理解为经济问题，子女对父母的赡养义务既包括对老年人经济上的负担，更包括生活上照料和精神上慰藉的义务。因此，在调解赡养纠纷时，要妥善处理好父母与子女之间的关系，在解决经济负担问题的同时，尽量不伤子女与父母以及子女与子女之间的和气。

三、赡养纠纷的常见原因与相应的调解对策

（一）经济困难导致的赡养纠纷

虽说人民的生活水平有了较大的提高，但是，仍有部分群众经济比较拮据，生活比较贫困。这部分群众往往上有父母需赡养，下有子女在求学，由于赡养人经济上的压力而诱发赡养纠纷。

对于这类赡养纠纷，在调解中首先要分析家庭收入的现状，教育各方不盲目攀比，做通全家人共渡难关的思想工作，面对现实指引脱贫之路，广泛寻求社会救助，保障父母不被遗弃。

（二）多子女相互推诿导致的赡养纠纷

子女多了，照理说赡养问题好解决，但任何问题都有两面性。子女多了，各自条件难免不一样，有的子女住的离父母近，有的子女住的离父母远，有的认为别的子女小时受父母恩惠多一些，有的认为别的子女有钱，理应多尽一些义务等等。如此一来，便容易造成相互推诿，谁也不愿多负担一点，谁也不愿吃一点亏，结果使老人像皮球一样被踢来踢去，甚至无处安身。

对于这类赡养纠纷，在调解中要立足于说服教育。有必要召集所有子女召开座谈会或者进行个别谈心活动。要尽力通过宣传教育，唤起兄弟间的手足之情。教育他们，赡养老人是子女的一项法定义务，而不是等价交换，那种认为

多子女间的赡养义务是绝对平均的思想是错误的。多子女赡养的正确做法应该是：条件好的多负担，条件差的少负担，有钱的多出钱，有力的多出力。但不能把多子女的赡养问题演变成一个数学问题，父母的意见，各子女的实际情况等都应当给予考虑。

例如：

一天上午，“我要申请法律援助，控告我的儿女！”带着哭腔的话音从某社区工作站的门口处传来。正在紧张忙碌的工作人员，都不约而同地停下手头上的工作，向门口望去，只见走进来一位穿着简朴、面带泪痕的老太太。调解员小王、小梁马上把她带到社区调解室坐下，老太太喝了调解员刚端上的热茶，诉说起事情的缘由来。

老太太姓尤，育有子女三人。女儿定居德国，大儿子在某大学任教，小儿子大学毕业后在南方某城市工作。考虑到自己较喜欢南方的生活环境，小儿子从小也听她的话，于是，尤老太没跟女儿、大儿子商量，就拿出自己的积蓄和女儿、大儿子托管的钱，帮小儿子在某高档小区购置了住房，并搬来一起居住。当尤老太正在为自己找到称心如意安度晚年的环境而暗自高兴时，女儿和大儿子不高兴了。因为钱的缘故，他俩打电话与尤老太争论了几次，后来干脆对她就不闻不问了。谁知小儿子结婚以后，只顾着与媳妇培养感情，也不像以前那么体贴入微了……近段时间，还提出让老人回老屋居住，尤老太不愿意，小儿子就与她闹起了矛盾。想着自己年轻守寡，含辛茹苦培养三个子女成才，如今却面临独居无助、没人理睬的境况，尤老太痛不欲生，忍不住眼泪又掉了下来。

考虑到尤老太的三个儿女分居三地的实际，调解员认为集中调解比较困难，经与调委会张主任商量，决定采取电话调解的方式。根据老太太提供的子女电话号码，调解员分别致电了解情况、查明原委。电话中，尤老太的女儿、大儿子告诉调解员，母亲不与他们商量，把他们寄存她处的钱，自作主张给小儿子买房子，不但偏心而且不愿意承认过错，这用于购房的几十万元，已足够母亲余生的生活开支。而小儿子却嫌母亲与妻子有矛盾，两人经常因小事吵吵闹闹，搞得家不成家。希望母亲回老家住一段时间，缓和缓和逐渐升级的家庭矛盾。调解员把了解到的情况与尤老太进行了沟通，她也承认了自己的过失。于是调解员又拿起电话，逐个做尤老太儿女的思想工作。讲他们的母亲是多么不易，辛苦地把他们养大成人，担负他们读大学、读硕士的费用，希望他们多理解、体谅自己的母亲。并且对母亲的赡养，不是给钱就行了，还应包括在精神上的慰藉和在生活上的照顾，让老人幸福、愉快地安度晚年。同时把《中华人民共和国宪法》、《婚姻法》、《老年人权益保护法》、《刑法》的相关规定，进一步给他们做详细解释，引导他们走出认识上的误区，消除误会。听了调解员合情、合理、合法的话，尤老太的儿女们顿然醒悟，纷纷保证坚决改正错误，欢迎母亲跟随自己生活。如母亲选择跟随一人生活，则另外两人每月各支付1 000元的生活费。

尤老太听到电话里儿女们的忏悔和道歉，泣不成声地说："感谢政府帮我把迷途的子女找回来，感谢政府帮我们全家重归和睦。"

（三）因分家析产导致的赡养纠纷

多子女的家庭，由于子女成家的时代各不相同，子女与父母分家析产时所得的财产各不相同，由此而引起赡养纠纷的发生。通常是分财产少的子女拒绝或不充分履行赡养义务。

对于这类赡养纠纷，重在法律宣传和道德情理的说服教育。首先，要教育子女，分家产和履行赡养义务属于两个不同的法律范畴，决不能以分家析产不公来推卸赡养义务。以分家不公为由拒绝履行赡养义务是违法的，情节严重甚至可能构成犯罪。其次，要教育子女，根据法律的规定，父母对属于自己的财产完全可以自由处分，与子女应尽的赡养义务没有关系，父母将子女养大已经非常不容易，子女没理应与父母讨价还价。最后，要说服子女，尽管父母可能在财产的处理上有失公平，那也是时代不同，受客观条件的影响而造成的。

（四）因父母再婚导致的赡养纠纷

有部分子女总认为父母再婚，特别是母亲改嫁是不光彩的事，有碍子女的面子。他们认为："改嫁的娘，推倒的墙"，自己没有赡养义务了，因而引发赡养纠纷。

对于这类赡养纠纷，要向子女进行必要的法律知识宣传，批评子女对父母再婚的错误观念和认识。可向子女宣传《婚姻法》第30条之规定："子女应当尊重父母的婚姻权利，不得干涉父母的再婚以及婚后的生活。子女的赡养义务，不因父母的婚姻关系变化而终止。"赡养义务是因身份关系而发生的，父母的再婚行为没有改变父母与子女的身份关系。另外，再婚是父母的权利，受法律保护。那种父母再婚有碍自己面子的观念是一种落后的封建道德观。

第五节　损害赔偿纠纷的调解方法与技巧

一、损害赔偿纠纷的概念与具体种类

在人民调解所调处的纠纷中，损害赔偿纠纷占有相当大的比例。所谓损害赔偿纠纷，是指受害人的人身、财产利益受到损害，而要求致害人或其他相关责任人赔偿，由此所引起的纠纷。损害赔偿纠纷包括人身损害赔偿纠纷和财产

损害赔偿纠纷两大类。在调解实践中，引发损害赔偿纠纷的情况很多，常见的主要有：

(1) 打架、斗殴等引发的轻微伤害赔偿纠纷；

(2) 交通事故赔偿纠纷；

(3) 医疗事故赔偿纠纷；

(4) 建筑物和其他设施因设置和管理不当造成他人损害所引发的赔偿纠纷；

(5) 工伤事故赔偿纠纷；

(6) 未成年人和精神病人造成他人损害引起的赔偿纠纷；

(7) 饲养的动物造成他人损害引起的赔偿纠纷；

(8) 其他事故引起的赔偿纠纷。

二、损害赔偿纠纷的调解方法与技巧

(一) 必须查明事实，分清是非，明确责任

调解损害赔偿纠纷切忌事实不清，责任不明。查清事实、分清是非是调解此类纠纷的基础。比如，甲说自己被乙家阳台上掉下的拖把砸伤，而乙根本不承认，在这种情况下，调解根本就无法开展。人民调解组织在调解损害赔偿纠纷时，不能像法院处理民事案件那样过高地强调谁主张谁举证，应尽量尊重事件的客观事实，重证据，不轻信言辞，必要时要深入现场，调查取证。对事实不清、责任不明的，决不能轻率调解，否则容易留下隐患，使调解工作陷入被动。

(二) 在熟悉法律相关规定的基础上，适当使用模糊处理法

大多数损害赔偿纠纷在事实清楚、责任明确的基础上，争议的焦点最后都集中在赔偿的数额上。受损害方要求高额的经济赔偿，责任方则只愿意赔较少的数额，这往往成为调解此类纠纷的难点。对于这个问题，调解人员必须熟悉相关法律规定。对于某种程度的损害，按照法律规定应该或者可能赔多少，调解人员应当做到胸有成竹、心中有数。这个依照法律算出来的数额应当是调解人员进行调解的一个重要“参数”，但不一定是调解赔偿数额的“标准答案”。在“讨价还价”的过程中，调解人员可使用模糊处理法，促成双方相互妥协、让步，达成一个可以共同接受的赔偿协议。

(三) 考虑有过错方当事人的经济状况和赔偿能力

调解确定的赔偿数额，除了在依照有关赔偿原则的前提下，还要实事求是地考虑有过错方当事人的经济状况和实际赔偿能力。能够赔得起的，就应全额赔偿；如经济状况确实很差，没有能力赔偿或暂时没有能力赔偿的则要做好被

害人的工作，酌情减免或让有过错方当事人分期分批偿付。否则，调解协议将难以达成，即使达成协议，也难以履行。

（四）合理安排，恰当使用“背靠背”和“面对面”的调解方法

损害赔偿纠纷中，双方当事人一般来说情绪对立严重，双方的心理变化也比较微妙。受损害一方希望尽可能多地获得赔偿，有些还希望对方受到纪律的、行政的甚至刑事的处罚，但同时也害怕因为自己过于强硬，舍弃可以接受的方案，而最终落个“鸡飞蛋打”的结果。责任一方则抱有很大的侥幸心理希望尽可能少赔，但又害怕受到刑事处罚（指一些受害人可提起刑事诉讼的轻伤害案件）。由于双方“各怀心事”，因此，在此类纠纷调解的开始阶段，如果一下子就“面对面”，不仅很难使双方谈得拢，还容易造成矛盾激化、双方进一步对立的局面。合适的做法应该是“背靠背”，调解人员与各当事人分别来谈，通过“背靠背”的调解，摸清各当事人的心理和“底线”，分别进行劝说、教育、安抚，促使当事人做出必要的妥协、让步。在条件比较成熟的情况下，再安排“面对面”的调解，调解成功的可能性会大一些。

例如：

一天晚上9时许，在某花园小区的篮球场上，女生叶某与一男生正在打篮球。另一男生冯某来后看到叶某，便提出不和女生一块打球。叶某听后，和冯某发生口角，并对骂起来，进而互相推搡，厮打起来。另一男生也上来帮冯某，两人将叶某头部打伤，面部右眼上方被打出一道血口子，大约有2.5厘米长，缝合了5针，后经法医鉴定为轻微伤。叶某的父母十分气愤，据此向对方两位家长提出高达十万元的索赔。两位家长却只愿意每家各出一千元，共计两千元作为赔偿。两千与十万，差距太大，双方争执不下，一同来到街道人民调解委员会警民联调工作室，申请调解。

因受害方家长异常激动，调解员首先采取背靠背调解方式，一面平息受害方家长的情绪，一面调查了解案情。在查实了事情经过、医院诊疗状况及法医鉴定结论后，调解员对赔偿数额有了个大致估算。但双方提出的赔款额分别是十万元与两千元，差距过于悬殊，且双方各持己见，都不肯退让。受害方坚持声称，女儿还是十五六岁的花季少女，脸上的伤痕必定会对她日后的身心健康造成不良影响，因此十万元并不为过。而侵害方虽然表示理解，但两家都强调自己是做小本生意的，实在拿不出这么多钱。针对这样的情况，调解员确定了从情、理、法多角度进行疏导、反复沟通规劝的调解思路。

第二天，调解员分别对双方进行了耐心的劝解，要求双方互谅互让。两位家长均表示每家愿意再增加一千元，共计四千元。此时叶某医疗费已花费了四千一百元，经劝导，叶某父母考虑到对方的经济状况，表示赔偿可以降到六万

元。两位家长也表示可以共同付给六千元，至此双方仍有十倍的差距。但调解员并没有放弃，继续做双方的思想工作。

接下来的几天里，调解员不厌其烦地为双方宣讲法律、说清道理，想方设法引导当事人设身处地地为对方着想，切合实际提出要求。经过多次调解，双方家长逐步调整各自的数额，受害方从六万到四万、两万，侵害方由六千到八千、九千，赔偿数额不断在接近。在调解员的不懈努力下，经过长达五天的悉心调解，双方最终达成了书面协议，两位家长共赔偿叶某医药费等共计人民币一万元，双方握手言和，为本纠纷的调解画上了一个圆满的句号。

第九章　人民调解文书

第一节　人民调解文书概述

一、人民调解文书的概念和特征

所谓文书，就是表达一定思想、承担一定功能、符合一定格式要求的书面文字材料。人民调解文书是指在人民调解委员会调解处理民间纠纷的过程中所形成的，反映纠纷调处的事实、过程或结果，具有一定法律意义的书面文字材料。人民调解文书具有如下几个特征：

（一）主体的特定性

人民调解文书的主体，即人民调解文书的制作者，实质上就是人民调解的主体——人民调解委员会和纠纷当事人。不同的调解文书，其主体也有所差别。例如，调解申请书的制作者是纠纷的当事人；纠纷受理登记表的制作者是人民调解委员会；人民调解协议书由调解委员会制作，但要有当事人和调解员的签名。

（二）内容的真实性

调解文书是调解工作的真实记录，其内容必须真实，不允许虚构和假设。例如，调解申请书，必须是纠纷当事人愿意通过调解解决纠纷的真实意愿的表达；调解记录、回访记录，应该是调解情况和回访情况的实事求是的记录；人民调解协议书，则必须反映当事人的真实意愿，虚假的调解协议是无效的。

（三）格式的规范性

每类调解文书，根据其性质和内容，都有比较固定的规范要求。规范的人民调解文书，是人民调解工作规范化的重要表现。司法部对调解文书的格式有统一的要求，各地司法行政机关也非常重视人民调解文书格式的规范性。大多数地方的司法行政机关还根据各类文书的标准格式，排版印制了各类文书的专用纸张。

（四）功能的法律性

人民调解文书是具有法律意义的文书。各类调解文书有着不尽相同的法律上的价值和意义。例如，合法有效的调解协议，一经达成，便完全具有民事合同的法律效力；人民调解申请书，是调解工作及所达成的调解协议具有合法性、有效性的有力证据。

二、人民调解文书的种类

人民调解文书种类较多。按照形成的时间顺序，一般来说，主要有人民调解申请书、民间纠纷受理调解登记表、调查笔录、调解笔录、人民调解协议书和回访笔录。其中的调查笔录与调解笔录，因调查和调解的次数可能不止一次，其数量可能有多份。另外，上述罗列的调解文书的种类是总体而言的，并不是每个民间纠纷都会完整地具备所有种类的文书。例如，没有达成协议的，就不会有人民调解协议书；不予受理的民间纠纷，则只有调解申请书和民间纠纷受理登记表，而不会有调解笔录、调解协议等文书。

三、人民调解文书的管理和保存

首先，人民调解文书必须装订于卷宗之内。将某个民间纠纷的所有调解文书按照一定顺序编排并装订在一起，叫做人民调解的卷宗。卷宗必须“一案一卷”。每个卷宗都要有统一的封面，封面上要按照要求填写相关内容；封面后的第一页是卷宗的目录，显示卷宗中的文书名称和相应的页码；其后是按顺序编排的各种调解文书，其顺序一般以形成的时间先后为标准。

其次，内含人民调解文书的卷宗应按一定标准整理归档。档案一般按照时间顺序排列，按年度装订成册；案卷数量较多的，可按季或按月装订，也可将年度内的案卷按纠纷类别分类装订。

最后，人民调解文书应妥善保管。人民调解的文书和档案应保存一定期限，一般来说，此期限应当在3年以上。保管档案的设备应具备相当程度的安全性、可靠性，防止档案材料丢失、毁坏、污损。一定期限过后，确需销毁的文书和档案，应经调解委员会主任审查、签字，并在登记记录后销毁。

第二节　人民调解协议

人民调解协议是最重要的调解文书，在全部调解文书中居于核心地位。司法部2002年发布的《人民调解工作若干规定》第34条规定：“经人民调解委员会调解解决的纠纷，有民事权利义务内容的，或者当事人要求制作书面调解协议的，应当制作书面调解协议。”调解协议是调解成果的书面记载，其内容基本反映了一个纠纷经过调解而获得解决的全部过程。

一、人民调解协议的概念

依照中华人民共和国司法部的解释，人民调解协议是在人民调解委员会主持下，纠纷当事人依照国家法律、法规、规章、政策和社会主义道德，在查清事实，分清责任的基础上，通过平等协商、互谅互让，对纠纷的解决自愿达成一致意见的意思表示。该解释重在强调人民调解协议的形成过程。人民调解协议的概念也可以简要地概括为：人民调解协议是发生民事纠纷的当事人在人民调解委员会主持、调解下，所自愿达成的解决纠纷的协议。

人民调解协议有两种形式。第一种是口头协议。如果纠纷简单，特别是协议内容可以当场履行的，在当事人同意的情况下可以达成口头协议。第二种是书面协议。如果协议内容有民事权利义务，或者当事人要求制作书面调解协议的，应当制作书面调解协议。书面调解协议也称调解协议书，本章调解文书中的人民调解协议指的是书面的人民调解协议。

二、人民调解协议的性质

《最高人民法院关于审理涉及人民调解协议的民事案件的若干规定》第1条指明了人民调解协议的性质："经人民调解委员会调解达成的、有民事权利义务内容，并由双方当事人签字或者盖章的调解协议，具有民事合同性质。"

人民调解协议完全符合民事合同的特征，就其性质而言，它本就是一种民事合同。民事合同是民事主体设立、变更或者消灭民事权利义务的合同协议。凡是民事主体之间就民事权利义务关系所自愿达成的协议，均属民事合同。至于合同订立过程中所采用的协商的方式、方法等，并不影响其合同的性质。民事合同可以在当事人以外的中间人介入的情况下订立。人民调解协议虽然是由人民调解委员会主持并促使双方当事人达成的，但其达成必须建立在当事人双方自愿协商的基础上。协议是由双方当事人以自己的名义订立的，表达的是当事人自己的意思，处分的是当事人之间的而非调解委员会的民事权利义务关系。因此，调解委员会的介入，并未改变人民调解协议的民事合同性质。

三、人民调解协议的法律效力

既然人民调解协议性质上是民事合同，那么，它就具有一般民事合同的法律效力。当事人应当按照约定履行自己的义务，不得擅自变更或者解除协议。一方擅自不按约定履行自己义务的，在性质上就属于违约行为，应当承担违约责任。但是，如果协议签订后当事人反悔或不履行协议的，人民调解协议则并不具有解决纠纷的最终效力。协议书生效后，在法定的诉讼时效内，当事人一方向人民法院起诉，请求对方当事人履行调解协议的，或者当事人一方向人民法院起诉，请求变更或者撤销调解协议，或者请求确认调解协议无效的，人民法院都应当受理。

就人民法院的审判工作而言，人民调解协议具有较强的证据上的证明力。人民调解协议书在证据种类上属于书证。由于有当事人的签名或盖章，有调解主持人的签名和人民调解委员会的印章，而且其内容较完备、格式较规范，因此，人民调解协议书一般来说具有比普通合同更强的证明力。依照《最高人民法院关于审理涉及人民调解协议的民事案件的若干规定》第3条的规定，在诉讼中，请求变更或者撤销调解协议，或者主张调解协议无效的，有责任对自己的诉讼请求所依据的事实提供证据予以证明；当事人一方起诉请求履行调解协议，对方当事人反驳的，有责任对反驳诉讼请求所依据的事实提供证据予以证明。可见，如果没有新的确实、充分的证据加以证明，人民调解协议是不能被当事人单方面随意推翻的。

一般的人民调解协议并不具有强制执行力。但具有债权内容的人民调解协议，公证机关依法赋予强制执行效力的，债权人可以向被执行人所在地或者被执行人的财产所在地人民法院申请执行。

四、人民调解协议的有效条件

上述人民调解协议的法律效力是有效的调解协议的法律效力，并非所有的人民调解协议都是有效的。根据我国《合同法》和其他有关法规的规定，有效的调解协议必须具备法定的有效条件，而符合法定无效条件的调解协议则是无效的。

根据《最高人民法院关于审理涉及人民调解协议的民事案件的若干规定》第4条的规定，具备下列条件的，调解协议有效。

（一）当事人具有完全民事行为能力

民事行为能力是指民事主体通过自己的行为取得民事权利、承担民事义务的资格。按照我国《民法》规定，年满18周岁的公民，具有完全民事行为能力，可以独立进行民事活动，是完全民事行为能力人。已满16周岁不满18周岁的公民，以自己的劳动收入为主要生活来源的，视为完全民事行为能力人。当然，这里还要求当事人精神健康、智力健全。

对于法人来说，由于法人是抽象的组织体，其民事行为能力不以年龄和精神健康状况为条件。法人的民事行为能力自其成立时取得，至法人消灭时终止。同时，由于法人本身不可能像自然人一样去实施民事行为，其行为能力是通过法人的法定代表人或代理人实现的。

例如：

15岁男孩刘×在马路边行走时，被突然坠落的某广告公司的玻璃广告灯箱砸中，造成刘×肩背部多处外伤。经初步包扎治疗后，刘×与广告公司就赔偿问题开始协商。广告公司业务员马×表示，公司愿意对损害做出赔偿，但对赔偿数额双方争议较大。人民调解委员会在调解此纠纷时，首先要求刘×要通知自己的父母作为自己的代理人参加调解，并要求广告公司由其法人代表或代理人参加调解。在马×出具了公司的代理委托书取得代理资格后，马×与刘×的父母经调解达成了调解协议。

在本纠纷的处理过程中，人民调解委员会的做法是正确的，所达成的调解协议有效。如果是刘×自己与对方达成协议，因为其不具备完全民事行为能力，不能通过自己的行为从事赔偿调解这样的相对复杂的民事法律行为，其达成的协议是无效的。由其监护人，即其父母代理进行调解更有利于保护其合法权益，也符合法律要求。另外，公司业务员马×只有出具了公司的代理委托书，他才有资格在代理权限内处分广告公司的民事权利和义务，其在代理权限内与对方达成的协议才是有效的。

（二）意思表示真实

意思表示真实，就是指人民调解协议的当事人就纠纷解决所表达出来的意见应当与其内心的真实想法相一致。这有两个方面的基本要求，首先，其接受调解必须出于真正的自愿；其次，协议通过文字表达出来的字面意思与当事人内心的真实想法是一致的。

（三）不违反法律、行政法规的强制性规定或者社会公共利益

这里的法律指的是全国人大及其常委会制定的法律规范，行政法规指的是国务院制定的法律规范。法律规范可分为任意性规范和强制性规范。任意性规范允许当事人自行约定，当事人有相当大的自治权。强制性规范是当事人必须遵守而不能自行或通过约定变更的规范。合同如果违反法律、行政法规的强制性规定就属于违法合同。社会公共利益是指社会成员的共同利益，包括公共安全、公共健康和环境、公序良俗等等。违法的民事合同和损害社会公共利益的民事合同都是无效的，人民调解协议当然也是这样。比如，当事人之间达成的清偿赌债的人民调解协议，既违法又损害社会公共利益，此协议就是无效的。

人民调解协议必须同时具备上述条件才是有效的。否则，缺乏上述条件中的任意一个，协议便是无效的。

五、人民调解协议的无效情形

所谓无效的人民调解协议，就是指不具有法律约束力和不发生履行效力的

人民调解协议。为了更清楚地确定人民调解协议的效力，更便于掌握和操作，《最高人民法院关于审理涉及人民调解协议的民事案件的若干规定》在规定了人民调解协议的有效条件外，还明确规定了人民调解协议的无效情形，明确指出，有下列情形之一的，调解协议无效。

（一）损害国家、集体或者第三人利益

当事人所达成的人民调解协议如果损害了国家、集体或者第三人的利益，该协议便不能得到法律的认可，这样的协议是无效的。这样的协议通常是通过协议双方当事人的恶意串通、非法勾结，为牟取私利而订立的。

例如：

某国有大企业与某经销商，因购销合同的价款问题发生纠纷，双方在通过人民调解解决纠纷的过程中，经销商私下拉拢国有大企业的法人代表，向该企业的总经理行贿10万元，随后双方达成了人民调解协议，将国有企业价值200万元的商品以100万元的价格卖给了经销商。

通过该协议，经销商和企业的总经理都得到了好处，却造成了巨额国有资产的流失。这个协议损害了国家利益，是无效的。

（二）以合法形式掩盖非法目的

此类协议就是用看起来似乎合法的形式来达到自己非法的目的。行为人为达到非法目的而以迂回的方法避开了法律或者行政法规的强制性规定，所以又称为“规避法律”或“伪装协议”。实践中常见的，表现为表面上是正常、合法的赔偿、买卖、分割财产等调解协议，实际上却是通过“合法”的协议，达到转移财产、逃避债务的非法目的。

（三）损害社会公共利益

许多国家的法律都规定违反了公序良俗或者公共秩序的合同无效。公序良俗或者公共秩序对于维护国家、社会一般利益及社会道德具有极其重要的作用。我国虽然没有采用公序良俗或者公共秩序的提法，但是，我国《民法通则》第58条第5项确立了社会公共利益的原则。违反法律或者社会公共利益的民事行为无效。不损害社会公共利益是人民调解协议的有效要件，损害社会公共利益的人民调解协议肯定没有法律效力。

（四）违反法律、行政法规的强制性规定

人民调解协议就其性质而言，属于民事合同。意思自治是合同法乃至整个民事法律的基本原则。但是，意思自治并不是绝对的，通过协商所达成的协议也不是没有底线的。协议不得违反法律、行政法规的强制性规定就是一条底线。在人民调解实践中，一定要注意这一点，调解协议无论从内容来说还是从形式来说都应当是合法的，否则，协议就是无效的。例如，依照我国法律规定，土地的所有权是不能买卖的，因此，买卖宅基地、农村土地的协议就属于违反法律、行政法规的强制性规定的协议，属于无效协议。

（五）人民调解委员会强迫调解的

平等、自愿是人民调解的基本原则和前提条件。如果当事人双方或一方不愿通过人民调解的方式解决纠纷，人民调解委员会就不能进行调解。强迫当事人进行调解，违背了人民调解的基本宗旨和原则，所达成的调解协议就是无效的。

以上五种是人民调解协议的无效情形。无效的调解协议自始没有法律约束力。另外，人民调解协议还会出现协议内容部分有效、部分无效的特殊情况。对于此类协议，《最高人民法院关于审理涉及人民调解协议的民事案件的若干规定》第8条规定："调解协议部分无效，不影响其他部分效力的，其他部分仍然有效。"

六、人民调解协议的变更或撤销

（一）人民调解协议的变更或撤销的概念

人民调解协议的变更或撤销，是指人民调解协议的当事人请求人民法院修正或撤销内容违反当事人真实意思的人民调解协议的行为。由于人民调解协议的性质是民事合同，因此，如果当事人双方协商一致，出于自愿，调解协议的内容可以变更或撤销，而单独一方当事人是不得擅自变更或撤销调解协议的。但依照我国《合同法》的有关规定，某些合同，因意思表示不真实，通过享有撤销权的当事人行使撤销权，可以使已经生效的合同变更或归于无效，这样的合同被称为可变更或撤销合同。人民调解协议也会出现这种情况，就是签订协议后，一方当事人发现协议的内容不符合自己的真实想法和意图，而且损害了自己的利益。在这种情况下，可以按规定请求变更或撤销已签订的人民调解协议。

可变更或撤销协议与无效协议均欠缺协议生效的要件，均属有"瑕疵"的人民调解协议，但二者区别很大。首先，从内容上看，可变更或撤销协议主要是涉及意思表示不真实的协议；无效协议主要是违反法律和行政法规强制性规定和社会公共利益的协议。其次，从效力上看，可变更或撤销协议在没有被撤销之前仍然是有效的；无效协议则自始都不具有法律效力。再次，从当事人的主张来看，可变更或撤销协议只能是受损害方向人民法院请求变更或撤销协议，人民法院对此采取"不告不理"的态度，也就是说如果当事人没有主动提出变更或撤销，人民法院就不能主动地变更或撤销人民调解协议；无效协议的确认则不依赖于当事人的主张，即使双方当事人都不主张协议无效，也不能改变其无效的性质，人民法院仍可依职权确认协议无效。最后，两者在效力和期限上也不同，可撤销的人民调解协议在未被撤销以前仍然是有效的，可撤销协议中的具有撤销权的当事人自知道或者应当知道撤销事由之日起一年内行使撤销权；无效协议则无期限限制，自始至终无效。

(二) 可变更或撤销的人民调解协议的类型

根据法律规定，下列人民调解协议属于可变更或撤销的人民调解协议。

1. 因重大误解订立的人民调解协议

所谓重大误解，是指误解者作出意思表示时，对涉及协议法律效果的重要事项存在着认识上的显著缺陷，其后果是使误解者的利益受到较大的损失，或者达不到误解者订立协议的目的。因重大误解而可变更或撤销的协议一般具有以下几个要件：

(1) 误解一般是因受害方当事人自己的过失产生的。这类协议发生误解的原因多是当事人缺乏必要的知识、技能、信息或者经验而造成的。

(2) 必须是对协议的内容构成重大的误解。也就是说，对于一般的误解而订立的合同不构成此类协议，这种误解必须是重大的。误解是否重大的确定，要考虑当事人的状况、活动性质、交易习惯等各方面的因素。在我国的司法实践中，对误解是否重大，主要从两个方面来考察：其一，对什么产生误解，如对标的物本质或性质的误解往往可以构成重大误解，对协议无关紧要的细节的误解就不构成重大误解。其二，误解是否造成了对当事人的重大不利后果。如果当事人对协议的某种要素产生误解，并不因此而产生对当事人不利的履行后果，那么这种误解也不属于重大误解。

(3) 这类协议要能直接影响到当事人所应享有的权利和承担的义务，协议一旦履行就会使误解方的利益受到损害。

(4) 重大误解与协议的订立或者协议条件存在因果关系。误解导致了协议的订立，如果没有这种误解，当事人将不会订立协议或者虽订立协议但协议条件将发生重大改变。与协议订立和协议条件无因果关系的误解，不属于重大误解。

例如：

张某在李某家与其发生争执，在推搡中张某不慎将李某家中的一件瓷器打碎。张某知道这是只古董，很值钱。于是，在调解中张某主动提出愿意赔偿8 000元，李某表示同意，双方签订了人民调解协议。但事后张某才得知，自己打碎的瓷器并不是李某家的那只值钱的古董，而是李某家的另一件与那只古董非常相像的仿古瓷器。这只仿古瓷器的价值只有几十元。

该协议便属于因重大误解而订立的人民调解协议，它完全符合上述的四个要件。

2. 在订立调解协议时显失公平的人民调解协议

所谓显失公平的协议，就是一方当事人在紧迫或者缺乏经验的情况下订立的使当事人之间享有的权利和承担的义务严重不对等的协议。显失公平的协议往往是当事人双方权利和义务很不对等，经济利益上严重失衡，违反了公平合理的原则。法律规定显失公平的合同可以申请撤销，这不仅是公平原则的体现，而且切实保障了公平原则的实现。

我国的司法实践一般认为，显失公平的协议应具有以下构成要件：

(1) 客观要件，即在客观上当事人之间的利益不平衡。根据显失公平的协议，一方当事人要承担更多的义务而享受极少的权利或者在经济利益上遭受重大损失，而另一方则以较少的代价获得了极大的利益。这种不平衡违反了我国《民法通则》中的等价公平原则，在实质上也违反了当事人的自主自愿。

(2) 主观要件，即一方当事人故意利用其优势或者另一方当事人的草率、无经验等订立了协议。因此，在考察是否构成显失公平协议时，就必须把主观要件和客观要件结合起来考虑。

例如：

村中两个8岁的男孩在一小山坡上打架，一个男孩将另一个男孩推倒，被推男孩从小山坡上滚下，造成身上多处青肿、淤伤。双方父母在调解时，因受伤男孩的父亲是本村村长，推人男孩的父母在很大的心理压力下同意赔偿对方5 000元而签订了调解协议。受伤男孩的伤非常轻微，没两天就全好了，也没有花费什么医药费，为此而索赔5 000元就属于“显失公平”。

在该协议中，客观上，双方的权利义务显著不对等，一方遭受了重大损失，另一方则以很小的代价获得了很大的利益；主观上，其中一方当事人即村长，利用了其特殊身份的优势，使对方在一定的心理压力下订立了协议。

3. 一方以欺诈、胁迫的手段或者乘人之危，使对方在违背真实意愿的情况下订立的调解协议

所谓欺诈，就是一方当事人故意告知对方虚假情况，或者故意隐瞒真实情况，诱使对方当事人做出错误的意思表示而签订人民调解协议。简单来说就是通过欺骗手段签订协议。

例如：

张三打了李四一耳光而引起纠纷，在调解中，李四声称自己左耳因被打而致耳聋，并拿出伪造的医院诊断书加以证明，在这种情况下，双方签订了赔偿协议，张三赔偿李四两万元。

该协议是李四以欺诈手段使张三在违背真实意愿的情况下订立的。

所谓胁迫，就是一方当事人以将要发生的损害相威胁，使对方产生恐惧心理而被迫签订违背自己真实意愿的人民调解协议。例如，威胁对方，如果不接受自己的意见或方案，就谋害对方，或加害对方亲属，或披露对方隐私等等。

所谓乘人之危，就是一方当事人利用他人的危难处境或紧迫需要，迫使对方接受某种明显不公平的条件，做出违背其真实意愿的意思表示而签订人民调解协议。

例如：

某运送鲜活海鲜的货车司机，在运输途中因赶时间而不慎轧死一村民的小狗。司机在与村民通过调解解决纠纷时，因时间紧迫而表示宁愿适当多赔一些。该村民本来只想要求对方赔偿500元，但在知道司机每多耽误点时间，就会因造成海鲜死亡而遭受重大经济损失时，便“狮子大开口”地要求对方赔偿5 000元，司机无奈之下只好接受。

该协议就属乘人之危而订立的。

（三）变更权、撤销权的行使

1．变更权、撤销权的权利人

变更权、撤销权由因意思表示不真实而受损害的一方当事人享有，如重大误解中的误解人、显失公平中的遭受重大不利的一方当事人、受欺诈或受胁迫者等。权利人只能请求人民法院通过诉讼程序变更或撤销人民调解协议。

权利人有权请求变更人民调解协议，也有权请求撤销人民调解协议。变更权与撤销权尽管存在着密切联系，但两者是有区别的。撤销权的行使，旨在使协议自始不发生效力；而变更权的行使并不是撤销协议，而只是变更协议的部分内容。到底是变更还是撤销，取决于权利人的态度，当事人请求变更的，人民法院不得撤销。这体现了对当事人处分权的尊重。

2．撤销权的行使时间

权利人必须在规定的期限内行使撤销权。因为可撤销的协议往往只涉及当事人一方意思表示不真实的问题，如果当事人自愿接受此种行为的后果，自愿放弃其撤销权，或者长期不行使其权利，不主张撤销，法律应允许该协议有效，否则在协议已经生效后的很长时间再提出撤销，会使一些协议的效力长期处于不稳定状态，不利于社会经济秩序的稳定。

根据《最高人民法院关于审理涉及人民调解协议的民事案件的若干规定》第7条规定，当事人的撤销权因两种情形而消灭：第一，具有撤销权的当事人自知道或者应当知道撤销事由之日起一年内没有行使撤销权；第二，具有撤销权的当事人知道撤销事由后明确表示或者以自己的行为放弃撤销权。第一种情况实质上是撤销权的诉讼时效问题，第二种情况则是因为具有撤销权的当事人已经以明示或默认的方式放弃了撤销权。

七、人民调解协议的履行

（一）人民调解协议履行的概念和基本要求

人民调解协议的履行就是达成协议的当事人按协议约定完成各自义务，使协议内容得以实现的行为。人民调解协议的当事人履行调解协议应当符合以下基本要求，这些基本要求也可称为履行协议的基本原则或准则。

1. 实际履行原则

实际履行原则是指当事人按照协议约定的行为完成协议义务的原则。其含义是：首先，在协议履行中，要履行约定的行为，不能用其他行为代替。例如，协议约定的是“更换”，那么义务人就应当“更换”，而不能以“修理”等来代替。其次，义务人也不能轻易地以违约金或赔偿金代替履行行为。义务人如果不按协议约定的行为履行，即使向对方偿付了违约金或赔偿金，也不能轻易免除其按约定履行的义务。例如，协议约定的义务是“排除妨碍”，那么义务人就必须“排除妨碍”，如果违约，则即使偿付了违约金或赔偿金，也还必须按约定“排除妨碍”。当然，实际履行的要求不是绝对的，在某些特殊情况下并不适用。如以支付特定物为义务的协议，当该标的物灭失时，实际履行就成为不可能。

2. 适当履行原则

该原则又称正确履行原则或全面履行原则，是指当事人按照协议约定的标的及其质量、数量，由适当的主体在适当的履行期限、履行地点以适当的履行方式，全面完成协议义务的原则。适当履行原则要求义务人全面、正确地履行协议，履行标的、履行主体、履行期限、履行地点等各要素都应当是正确的、适当的。简而言之，就是应当全面地、不折不扣地完成协议约定的义务。

适当履行与实际履行既有区别又有联系。实际履行强调义务人按照协议约定交付标的物或者提供服务，至于交付的标的物或提供的服务是否适当，则无力顾及。适当履行既要求义务人实际履行，交付标的物或提供服务，也要求这些交付的标的物、提供的服务符合法律和协议的规定。可见，适当履行必然是实际履行，而实际履行未必是适当履行。

3. 协作履行原则

协作履行原则是指当事人不仅适当履行自己的义务，而且应积极协助对方当事人履行义务的履行原则。协作履行是诚实信用原则在协议履行中的要求和体现，它的具体要求主要是：第一，一方如因不可抗力或其他原因不能履行或不能按时履行协议时，应当及时将有关情况通知对方，双方均应采取适当措施尽量避免或减少损失，防止损失扩大；第二，接受履行的一方应当以适当方法接受履行，并为义务人的履行创造必要的条件，为义务人的履行提供方便；第三，一方当事人在履行协议中，对于对方当事人的商业机密或对方当事人的隐私等需要保密的事项，不得向外界泄露。

（二）不履行或履行不符合约定的法律后果

不履行人民调解协议或履行不符合约定，实质上都属合同法上的违约行为。不履行或履行不符合约定的情况在实践中五花八门：有在履行期限到来前，明确表示或以行为表明到时将不履行协议的；有在履行期限到期以后，拒绝履行的；有因各种原因而不能履行的；还有延迟履行、部分履行或不适当履行的等等。

如果出现了不履行或履行不符合约定的情况，人民调解委员会应根据实际情况做出处理，违约者也应对其违约行为承担责任。

1. 人民调解委员会对不履行或履行不符合约定行为的处理

根据情况，人民调解委员会主要有三种处理方式：第一，当事人无正当理由不履行协议的，应做好当事人的工作，督促其履行协议。第二，如当事人提出协议内容不妥，并要求变更协议内容的，可在征得双方当事人同意后，经再次调解变更原协议内容，或者重新达成调解协议。第三，如经督促、教育、协调仍不履行人民调解协议或不按约定履行的，应告知当事人请求基层人民政府处理或向人民法院起诉。

2. 不履行或不按约定履行所应承担的主要责任形式

依照合同法有关违约责任的规定，不履行或不按约定履行协议可能引起的责任形式主要有以下三种：

（1）继续履行。它是指当事人一方不履行或不按约定履行时，另一方有权要求其按协议约定继续履行，另一方有继续完成协议约定的义务。该项责任的承担是有条件的，如果因各种原因造成继续履行的不可能或不必要，则不能要求当事人承担该项责任。

（2）赔偿损失。它是指违约方因自己的违约行为给对方造成损失的，应依照人民调解协议的约定或法律的规定，承担赔偿对方损失的责任。赔偿的数额或计算方法如果双方在协议中有约定的，按约定的数额或计算方法执行；如果没有约定的，赔偿数额应当与因违约所造成的实际损失额一致或基本一致。

（3）支付违约金。违约金是由当事人通过协议预先确定的、如果一方违约而向对方支付的一定数额的金钱。违约金责任的承担以双方当事人事前有约定为前提。如果一方违约给对方造成较大损失，而违约金不足以弥补损失的，受损失的一方有权要求违约者在支付违约金的同时，承担赔偿责任。但两者相加原则上不超过所受实际损失的总额。

八、人民调解协议书的格式与制作要求

（一）人民调解协议书的格式

人民调解协议书的格式如后附示例所示。其中“编号”栏按有关规定或各人民调解委员会自定的办法填写。“当事人”栏应列明纠纷的全部当事人，按括号内要求事项详细填写。“纠纷简要情况”栏应写明纠纷的简要事实、争议事项及双方的责任。“协议”栏应载明当事人所达成的协议，即各当事人的权利和义务。“履行协议的方式、地点、期限”栏根据具体情况填写。“调解协议书”的最后，必须由纠纷当事人签名或盖章。调解主持人也必须签名，加盖人民调解委员会印章，并明确填写具体日期。

（二）人民调解协议书的制作要求

人民调解协议书是民事合同，同时也属于一种法律文书。它的制作应当符合民事合同和法律文书的一般要求，即遵循格式，写全事项；主旨鲜明，阐述精练；叙事清楚，材料真实；依法说理，折服有力；语言精确，朴实庄重。

人民调解协议书在语言表述方面的具体要求为：

1. 表意精确，解释单一

人民调解协议书是对当事人之间所达成的协议的文字记载，它应该是对当事人意思的准确表达。它是当事人履行协议的文字依据，如果进入诉讼程序，它还是重要的诉讼证据。因此，它的文字必须做到表意精确、解释单一，以避免因语言上的歧义给理解和履行带来不必要的麻烦。

2. 文字精练，言简意赅

人民调解协议书作为一种法律文书，其语言文字必须精练简洁，不能事无巨细、冗长拉杂。如对纠纷的情况就只需作简要的、概括的介绍，而不必把纠纷的来龙去脉、细枝末节等都交代得清清楚楚。

3. 文风朴实，格调庄重

法律文书的语体风格属于公文语体。朴实无华、严谨庄重的形式风格是由其严肃的实质内容所决定的。

4. 语言规范，语句规整

法律文书的语言为规范化的书面语言。它力求合乎语法规则，句子规整，成分齐全。

5. 语言诸忌，竭力避免

法律文书在语言运用中也常出现一些必须竭力避免的通病，必须引起重视。一是忌方言土语；二是忌用流氓黑话；三是忌用脏话。

最后需要强调的是，人民调解协议书在填写、制作过程中，应尽量避免涂改。如果万不得已，必须涂改，则在涂改的地方必须有双方当事人的签名、盖章，其目的在于证明此涂改得到了双方当事人的认可，以免因个别地方的涂改引起争议或导致协议的不成立或无效。

九、人民调解协议书示例

×××人民调解委员会调解协议书

编号：（2007）×民调字第028号

申请人：王某某，男，21岁，汉族，××省×县人，某市富强标准零件加工厂工人，住该厂职工宿舍。

被申请人：张某，男，46岁，汉族，××市人，某市富强标准零件加工厂（私营企业）厂长。

纠纷简要情况：2007年9月15日晚19点左右，申请人王某某在被申请人张某开办的富强标准零件加工厂工作时，被钢丝拉伤手部，造成其右手小指、无名指被截去的严重后果，并因此花去医疗费共计11 300元。王某某要求张某赔偿医疗费、误工费、伤残补助费等共计5万元。张某以事故主要是因王某某自己操作不慎而造成为由，拒绝全部支付医疗费和其他费用。王某某向本调解委员会提出申请，要求调解。张某也表示愿意接受调解。经查，双方对事故事实没有争议，但对赔偿数额争议较大。根据《民法通则》等相关法律规定，人民调解委员会对纠纷进行了调解。

经调解，自愿达成如下协议：

一、被申请人张某一次性赔偿王某某共计人民币贰万伍仟圆。

二、王某某与富强标准零件加工厂从即日起解除劳动关系。

履行协议的方式、地点、期限：协议签订后三日内（2007年10月30日前）于富强标准零件加工厂财务室一次性付清现金贰万伍仟圆。

本协议一式三份，当事人、人民调解委员会各持一份。

当事人：王某某　当事人：张某

×××人民调解委员会

（人民调解委员会印）

调解员：李某

二〇〇七年十月二十七日

第三节　人民调解的其他文书

除了人民调解协议书外，在人民调解过程中还需要其他一些调解文书。这些文书都从不同方面记载了人民调解的过程。根据人民调解规范化的需要，这些文书也都有比较规范的名称、内容和格式要求。下面介绍人民调解文书中常用的其他几种类型的文书。

一、调解申请书

（一）概念

调解申请书是当事人向人民调解组织提交的要求调解其纠纷的书面申请。通过调解申请书，人民调解委员会可以了解当事人的基本情况，对纠纷也能有一个初步的、大致的了解。同时，通过调解申请书，能够确保人民调解在双方当事人同意、自愿的基础上进行。调解申请书也是证明将来的调解协议具有合法性、有效性的有力证据。

（二）格式与制作要求

调解申请书主要包括这样几个栏目：当事人、纠纷事实及申请事项、申请人签名及日期等。

在调解申请书的几个栏目中，“当事人”栏应详细填写当事人的姓名、性别、年龄、民族、职业、单位或住址，当事人是法人及社会组织的，应当详细填写法人及社会组织的名称、地址、法定代表人姓名及职务。调解申请书既可以由申请人本人填写，也可以由他人代写，由申请人签名后提交人民调解委员会。人民调解委员会调解民间纠纷一般应当使用书面的调解申请书。

（三）示例

调解申请书

申请人：王某某，男，21岁，汉族，××省××县人，某市富强标准零件加工厂工人，住该厂职工宿舍。

被申请人：张某，男，46岁，汉族，××市人，某市富强标准零件加工厂（私营企业）厂长。

纠纷事实及申请事项：

2007年9月15日晚19点左右，申请人王某某在被申请人张某开办的富强标准零件加工厂工作时，被钢丝拉伤手部，造成其右手小指、无名指被截去的严重后果，并因此花去医疗费共计1万余元。王某某要求张某赔偿医疗费、误工费、伤残补助费等共计5万元，经多次讨要，未果。

特申请×××人民调解委员会予以调解。

申请人：王某某

二〇〇七年十月二十七日

二、民间纠纷受理调解登记表

（一）概念

民间纠纷受理调解登记表是人民调解委员会受理调解民间纠纷的简要记载。该表可以反映出纠纷的简要情况以及人民调解委员会是否受理该纠纷的结果与缘由。

（二）格式与制作要求

民间纠纷受理调解登记表主要包括纠纷类别、编号、当事人、纠纷简要情况、受理的结果或不受理的原因、登记人签名、日期等栏目。

其中，“纠纷类别”栏按民间纠纷内容分类填写，如按婚姻、邻里、赔偿等填写。“编号”栏按有关规定或各人民调解委员会自定的办法填写。“当事人”栏应列明纠纷所有当事人，其具体要求同“调解申请书”。人民调解委员会应根据具体情况，分别选择“达成协议”、“调解不成”、“不受理”栏目填入适当内容。人民调解委员会受理调解的、不制作书面调解协议的简易民间纠纷，填写民间纠纷受理登记表后，不必再填写其他调解文书。

（三）示例

民间纠纷受理调解登记表

纠纷类别：工伤赔偿　　　　　　　　　　　　编号：第201号

申请人：王某某，男，21岁，汉族，××省××县人，某市富强标准零件加工厂工人，住该厂职工宿舍。

被申请人：张某，男，46岁，汉族，××市人，某市富强标准零件加工厂（私营企业）厂长。

纠纷简要情况：2007年9月15日晚19点左右，申请人王某某在被申请人张某开办的富强标准零件加工厂工作时，被钢丝拉伤手部，造成其右手小指、无名指被截去的严重后果，并因此花去医疗费1万余元。王某某要求张某赔偿医疗费、误工费、伤残补助费等共计5万元，张某认为事故主要责任在王某某自己，因此，认为王某某的要求过高，难以接受。

经调解，于2007年10月27日达成如下协议：

一、被申请人张某一次性赔偿王某某共计人民币贰万伍仟圆。

二、王某某与富强标准零件加工厂从即日起解除劳动关系。

协议履行情况：张某已于2007年10月28日一次性支付给王某某贰万伍仟圆整，双方劳动关系已解除。

登记人：李某

二○○七年十月二十八日

三、调查笔录

（一）概念

调查笔录是人民调解委员会向有关人员调查了解纠纷情况时所做的文字记录。在人民调解委员会调解民间纠纷的过程中，经常需要通过走访等途径向一些了解纠纷事实的人员调查纠纷有关情况，在这个过程中，做好文字记录，对于查清纠纷事实、了解事实真相进而及时、正确地调解纠纷都具有重要的意义。

（二）格式与制作要求

调查笔录的首部包括时间、地点、事由、参加人、被调查人等栏目；正文为调查的笔录内容；尾部要有被调查人、调查人、参加人、记录人的签名。

其中“事由”栏是指为哪一项纠纷而做的调查。“参加人”栏是指调查时在场的其他人员，不包括调查人、被调查人和记录人。“被调查人”栏应填写被调查人姓名、性别、年龄、单位或住址。调查笔录经被调查人校阅或向被调查人宣读后，由被调查人、调查人、参加人和记录人签名。

（三）示例

调查笔录

时间：2007年10月21日。

地点：富强标准零件加工厂门卫室。

事由：王某某与张某工伤赔偿纠纷。

参加人：刘某，加工厂门卫；叶某某，社区居民。

被调查人：谢某，男，31岁，××省××县人，某市富强标准零件加工厂工人，现住该厂宿舍。

调解员（以下简称调）：你好，谢某，我们是×××调解委员会的调解员，今天主要是向你了解一下关于王某某出事故受伤要求赔偿的有关情况，如果你了解一些情况，希望你如实告知。

谢：好。

调：王某某是怎么受伤的？

谢：9月15日那天晚上7点左右，他在操作机器时被钢丝拉伤右手，伤得比较重，后来到医院被截掉了两个手指。

调：你认为事故发生的原因是什么？

谢：我们这种工作有一定危险性，稍不注意就有可能受伤。

调：事故发生后，老板张某表现怎样？态度如何？

谢：事故发生后，老板立即派人将他送到了医院，还垫上了一些医疗费，但后来听说王某某要求赔得太多，很生气。

调：非常感谢，谢谢你提供的情况，也谢谢各位参加者对我们人民调解工作的支持。

谢：不客气，再见。

被调查人：谢某　　　　调查人：李某

参加人：刘某、叶某某　　　　记录人：张某

二○○七年十月二十一日

四、调解笔录

（一）概念

调解笔录是人民调解委员会对当事人进行说服教育、疏导规劝，促使当事人达成协议的过程的文字记录。调解笔录是检验人民调解委员会是否坚持公正、依法、自愿调解的重要依据。原则上，每次进行调解活动都应当制作调解笔录。

（二）格式与制作要求

调解笔录的首部主要有时间、地点、事由、参加人、当事人等栏目。其中，“参加人”栏是指接受人民调解委员会邀请、协助开展调解工作的人员。“事由”栏同“调查笔录”。“当事人”栏应列明到场的全部当事人，其具体要求同“调解申请书”。调解笔录的正文部分是具体调解过程的记录，应当客观、真实、整洁、简练。笔录经当事人校阅或向当事人宣读后，由当事人、参加人、调解员和记录人在笔录尾部的相应栏目签名。

（三）示例

调解笔录

时间：2007年10月27日。

地点：×××人民调解委员会调解室。

事由：王某某与张某工伤赔偿纠纷。

参加人：陈某，某社区居委会副主任。

申请人：王某某，男，21岁，汉族，××省××县人，某市富强标准零件加工厂工人，住该厂职工宿舍。

被申请人：张某，男，46岁，汉族，××市人，某市富强标准零件加工厂（私营企业）厂长。

调解员：今天我们在这里调解你们之间的工伤赔偿纠纷。通过我们的了解，在纠纷的基本事实上你们双方没有大的争议，争议的焦点主要是在赔偿的数额上。希望你们双方都能本着公平合理的原则，互谅互让，争取能够通过调解达成协议，使这一纠纷及时地、合法合理地得到解决。这样吧，张老板，我们先到那屋谈一谈。小王，你先在这儿喝茶，休息一会儿。

（调解员与张某来到另一间屋）

调：张老板，我们已经到厂里了解了一些情况，听说你在事故后马上送小王去了医院，还给他垫上了医疗费，厂里其他职工对你这一点还是很赞许的。现在咋会闹得这么僵？

张：他毕竟是在干活中出的事故，我应该赔，这没啥问题，但他要得太多了，5万元，我接受不了，说实话我现在也没那么多钱。

调：人家小王毕竟是给你干活受的伤，年纪轻轻少了两个指头，对将来的就业、找对象都有影响。你的钱花出去还能挣，但人家的指头可是一去不复返了。我看你还是多赔一些吧，一来可以补偿伤者，平息这次纠纷；二来可以维护形象，温暖其他职工的心。再说，这个事儿如果到了法院，按照法律规定，医疗费、误工费、陪护费、营养费、伤残补助费等你都是要赔的，再加上诉讼费、律师代理费，数额不会小，还费时费力。

张：多赔点可以，但5万元也太多了，这样吧，我拿2万元，再多了不行。

（调解员回到调解室）

调：小王，张老板并不是不想赔，只是觉得数额太大，我们也觉得你要得确实太多了一些，你看能不能降一降，双方都要有让步，才能解决问题。

王：降，可以，但咋说也不能少于3万元。

（将张某叫回调解室）

调：你们双方都在维护自身利益的同时，也能适当地为对方着想，这一点很好。但双方的意见还不统一。我觉得张老板只拿垫付的那些医疗费绝对是不够的，但小王要求的5万元确实也太多了。这样吧，根据我们调委会集体讨论的意见，张老板拿25 000元，你们看如何？

张：行，可以。

王：可以，但必须现金一次性付清，我急着回家呢。

调：那就这样，我们现在就制作调解协议，你们看一看，在上面签个名。

申请人：王某某 **调解员：李某**

被申请人：张某 **林某**

参加人：陈某 **记录人：张某**

二〇〇七年十月二十七日

五、回访记录

（一）概念

回访记录是人民调解委员会对达成调解协议的纠纷当事人进行回访，了解协议履行情况及其他有关情况的文字记录。

（二）格式与制作要求

回访记录的首部包括当事人、调解协议编号、回访事由、回访时间等栏目。其中“当事人”栏填写被访问的当事人的简要情况。“回访事由”栏填写就哪一起纠纷进行回访。回访记录的正文部分“回访情况”栏可包括当事人对调解工作的意见、要求，协议履行情况，协议履行发生争议向人民法院起诉及人民法院的判决结果，有无错误调解及激化迹象，采取的措施等等。回访记录的尾部要有回访人的签名。

（三）示例

回访记录

当事人：张某，富强标准零件加工厂厂长。

调解协议编号：（2007）×民调字第028号。

回访事由：王某某与张某工伤赔偿纠纷。

回访时间：2007年11月10日。

回访情况：调解员到富强标准零件加工厂找到厂长张某，了解到如下情况：

1. 张某已于10月28日一次性付给王某某现金25 000元，王某某写有收据；

2. 双方劳动关系已解除，王某某已离开加工厂；

3. 加工厂对出事故的机器设备进行了改造，加强了机器的安全性能；

4. 加工厂加强了对工人的安全教育，严格执行各项安全规章制度，避免事故再次发生。

回访人：李某

二〇〇七年十一月十日

参考文献

[1] 李刚. 人民调解概论. 北京：中国检察出版社，2004
[2] 《人民调解工作的方法与技巧》编写组. 人民调解工作的方法与技巧. 北京：中国法制出版社，2003
[3] 王红梅. 新编人民调解工作技巧. 北京：中国政法大学出版社，2006
[4] 宋才发，刘玉民. 调解要点与技巧总论. 北京：人民法院出版社，2007
[5] 张新民，王欣新. 人民调解员工作手册. 北京：中国法制出版社，2000
[6] 肖方. 如何当好人民调解员. 北京：中国社会出版社，2005
[7] 吴玉华. 人民调解案例. 北京：中国检察出版社，2005

附录一：

人民调解委员会组织条例

（1989年5月5日国务院第四十次常务会议通过，
1989年6月17日中华人民共和国国务院令第37号发布）

第一条 为了加强人民调解委员会的建设，及时调解民间纠纷，增进人民团结，维护社会安定，以利于社会主义现代化建设，制定本条例。

第二条 人民调解委员会是村民委员会和居民委员会下设的调解民间纠纷的群众性组织，在基层人民政府和基层人民法院指导下进行工作。

基层人民政府及其派出机关指导人民调解委员会的日常工作由司法助理员负责。

第三条 人民调解委员会由委员三至九人组成，设主任一人，必要时可以设副主任。

人民调解委员会委员除由村民委员会成员或者居民委员会成员兼任的以外由群众选举产生，每三年改选一次，可以连选连任。

多民族居住地区的人民调解委员会中，应当有人数较少的民族的成员。

人民调解委员会委员不能任职时，由原选举单位补选。

人民调解委员会委员严重失职或者违法乱纪的，由原选举单位撤换。

第四条 为人公正，联系群众，热心人民调解工作，并有一定法律知识和政策水平的成年公民，可以当选为人民调解委员会委员。

第五条 人民调解委员会的任务为调解民间纠纷，并通过调解工作宣传法律、法规、规章和政策，教育公民遵纪守法，尊重社会公德。

人民调解委员会应当向村民委员会或者居民委员会反映民间纠纷和调解工作的情况。

第六条 人民调解委员会的调解工作应当遵守以下原则：

（一）依据法律、法规、规章和政策进行调解，法律、法规、规章和政策没有明确规定的，依据社会公德进行调解；

（二）在双方当事人自愿平等的基础上进行调解；

（三）尊重当事人的诉讼权利，不得因未经调解或者调解不成而阻止当事人向人民法院起诉。

第七条 人民调解委员会根据当事人的申请及时调解纠纷；当事人没有申请的，也可以主动调解。

人民调解委员会调解纠纷可以由委员一人或数人进行；跨地区、跨单位的纠纷，可以由有关的各方面调解组织共同调解。

人民调解委员会调解纠纷，可以邀请有关单位和个人参加，被邀请的单位和个人应当给予支持。

第八条 人民调解委员会调解纠纷，应当在查明事实、分清是非的基础上，充分说理，耐心疏导，消除隔阂，帮助当事人达成协议。

调解纠纷应当进行登记，制作笔录，根据需要或者当事人的请求，可以制作调解协议书。调解协议书应当有双方当事人和调解人员的签名，并加盖人民调解委员会的印章。

第九条 人民调解委员会主持下达成的调解协议，当事人应当履行。

经过调解，当事人未达成协议或者达成协议后又反悔的，任何一方可以请求基层人民政府处理，也可以向人民法院起诉。

第十条 基层人民政府对于人民调解委员会主持下达成的调解协议，符合法律、法规、规章和政策的，应当予以支持；违背法律、法规、规章和政策的，应当予以纠正。

第十一条 人民调解委员会调解民间纠纷不收费。

第十二条 人民调解委员会委员必须遵守以下纪律：

（一）不得徇私舞弊；

（二）不得对当事人压制、打击报复；

（三）不得侮辱、处罚当事人；

（四）不得泄露当事人的隐私；

（五）不得吃请受礼。

第十三条 各级人民政府对成绩显著的人民调解委员会和调解委员应当予以表彰和奖励。

第十四条 对人民调解委员会委员，根据情况可以给予适当补贴。

人民调解委员会的工作经费和调解委员的补贴经费，由村民委员会或者居民委员会解决。

第十五条 企业、事业单位根据需要设立的人民调解委员会，参照本条例执行。

第十六条 本条例由司法部负责解释。

第十七条 本条例自发布之日起施行。1954年3月22日原中央人民政府政务院公布的《人民调解委员会暂行组织通则》同时废止。

附录二：

人民调解工作若干规定

（2002年9月26日中华人民共和国司法部令第75号令发布）

第一章　总　则

第一条　为了规范人民调解工作，完善人民调解组织，提高人民调解质量，根据《中华人民共和国宪法》和《中华人民共和国民事诉讼法》、《人民调解委员会组织条例》等法律、法规的规定，结合人民调解工作实际制定本规定。

第二条　人民调解委员会是调解民间纠纷的群众性组织。

人民调解员是经群众选举或者接受聘任，在人民调解委员会领导下，从事人民调解工作的人员。人民调解委员会委员、调解员，统称人民调解员。

第三条　人民调解委员会的任务是：

（一）调解民间纠纷，防止民间纠纷激化；

（二）通过调解工作宣传法律、法规、规章和政策，教育公民遵纪守法，尊重社会公德，预防民间纠纷发生；

（三）向村民委员会、居民委员会、所在单位和基层人民政府反映民间纠纷和调解工作的情况。

第四条　人民调解委员会调解民间纠纷，应当遵守下列原则：

（一）依据法律、法规、规章和政策进行调解，法律、法规、规章和政策没有明确规定的，依据社会主义道德进行调解；

（二）在双方当事人自愿平等的基础上进行调解；

（三）尊重当事人的诉讼权利，不得因未经调解或者调解不成而阻止当事人向人民法院起诉。

第五条　根据《最高人民法院关于审理涉及人民调解协议的民事案件的若干规定》，经人民调解委员会调解达成的、有民事权利义务内容，并由双方当事人签字或者盖章的调解协议，具有民事合同性质。当事人应当按照约定履行自己的义务，不得擅自变更或者解除调解协议。

第六条　在人民调解活动中，纠纷当事人享有下列权利：

（一）自主决定接受、不接受或者终止调解；
（二）要求有关调解人员回避；
（三）不受压制强迫，表达真实意愿，提出合理要求；
（四）自愿达成调解协议。

第七条 在人民调解活动中，纠纷当事人承担下列义务：
（一）如实陈述纠纷事实，不得提供虚假证明材料；
（二）遵守调解规则；
（三）不得加剧纠纷、激化矛盾；
（四）自觉履行人民调解协议。

第八条 人民调解委员会调解民间纠纷不收费。

第九条 司法行政机关依照本办法对人民调解工作进行指导和管理。指导和管理人民调解委员会的日常工作，由乡镇、街道司法所（科）负责。

第二章 人民调解委员会和人民调解员

第十条 人民调解委员会可以采用下列形式设立：
（一）农村村民委员会、城市（社区）居民委员会设立的人民调解委员会；
（二）乡镇、街道设立的人民调解委员会；
（三）企业事业单位根据需要设立的人民调解委员会；
（四）根据需要设立的区域性、行业性的人民调解委员会。

人民调解委员会的设立及其组成人员，应当向所在地乡镇、街道司法所（科）备案；乡镇、街道人民调解委员会的设立及其组成人员，应当向县级司法行政机关备案。

第十一条 人民调解委员会由委员三人以上组成，设主任一人，必要时可以设副主任。多民族聚居地区的人民调解委员会中，应当有人数较少的民族的成员。人民调解委员会中应当有妇女委员。

第十二条 村民委员会、居民委员会和企业事业单位的人民调解委员会根据需要，可以自然村、小区（楼院）、车间等为单位，设立调解小组，聘任调解员。

第十三条 乡镇、街道人民调解委员会委员由下列人员担任：
（一）本乡镇、街道辖区内设立的村民委员会、居民委员会、企业事业单位的人民调解委员会主任；
（二）本乡镇、街道的司法助理员；
（三）在本乡镇、街道辖区内居住的懂法律、有专长、热心人民调解工作的社会志愿人员。

第十四条 担任人民调解员的条件是：为人公正，联系群众，热心人民调解工作，具有一定法律、政策水平和文化水平。乡镇、街道人民调解委员会委员应当具备高中以上文化程度。

第十五条 人民调解员除由村民委员会成员、居民委员会成员或者企业事业单位有关负责人兼任的以外，一般由本村民区、居民区或者企业事业单位的群众选举产生，也可以由村民委员会、居民委员会或者企业事业单位聘任。乡镇、街道人民调解委员会委员由乡镇、街道司法所（科）聘任。区域性、行业性的人民调解委员会委员，由设立该人民调解委员会的组织聘任。

第十六条 人民调解员任期三年，每三年改选或者聘任一次，可以连选连任或者续聘。人民调解员不能履行职务时，由原选举单位或者聘任单位补选、补聘。人民调解员严重失职或者违法乱纪的，由原选举单位或者聘任单位撤换。

第十七条 人民调解员调解纠纷，必须遵守下列纪律：

（一）不得徇私舞弊；

（二）不得对当事人压制、打击报复；

（三）不得侮辱、处罚纠纷当事人；

（四）不得泄露当事人隐私；

（五）不得吃请受礼。

第十八条 人民调解员依法履行职务，受到非法干涉、打击报复的，可以请求司法行政机关和有关部门依法予以保护。人民调解员履行职务，应当坚持原则，爱岗敬业，热情服务，诚实守信，举止文明，廉洁自律，注重学习，不断提高法律、道德素养和调解技能。

第十九条 人民调解委员会应当建立健全岗位责任制、例会、学习、考评、业务登记、统计和档案等各项规章制度，不断加强组织、队伍和业务建设。

第三章　民间纠纷的受理

第二十条 人民调解委员会调解的民间纠纷，包括发生在公民与公民之间、公民与法人和其他社会组织之间涉及民事权利义务争议的各种纠纷。

第二十一条 民间纠纷，由纠纷当事人所在地（所在单位）或者纠纷发生地的人民调解委员会受理调解。村民委员会、居民委员会或者企业事业单位的人民调解委员会调解不了的疑难、复杂民间纠纷和跨地区、跨单位的民间纠纷，由乡镇、街道人民调解委员会受理调解，或者由相关的人民调解委员会共同调解。

第二十二条 人民调解委员会不得受理调解下列纠纷：

（一）法律、法规规定只能由专门机关管辖处理的，或者法律、法规禁止采用民间调解方式解决的；

（二）人民法院、公安机关或者其他行政机关已经受理或者解决的。

第二十三条 人民调解委员会根据纠纷当事人的申请，受理调解纠纷；当事人没有申请的，也可以主动调解，但当事人表示异议的除外。当事人申请调解纠纷，可以书面申请，也可以口头申请。受理调解纠纷，应当进行登记。

第二十四条 当事人申请调解纠纷，符合条件的，人民调解委员会应当及时受理调解。不符合受理条件的，应当告知当事人按照法律、法规规定提请有关机关处理或者向人民法院起诉；随时有可能激化的，应当在采取必要的缓解疏导措施后，及时提交有关机关处理。

第四章　民间纠纷的调解

第二十五条 人民调解委员会调解纠纷，应当指定一名人民调解员为调解主持人，根据需要可以指定若干人民调解员参加调解。当事人对调解主持人提出回避要求的，人民调解委员会应当予以调换。

第二十六条 人民调解委员会调解纠纷，应当分别向双方当事人询问纠纷的事实和情节，了解双方的要求及其理由，根据需要向有关方面调查核实，做好调解前的准备工作。

第二十七条 人民调解委员会调解纠纷，根据需要可以邀请有关单位或者个人参加，被邀请的单位或者个人应当给予支持。调解跨地区、跨单位的纠纷，相关人民调解委员会应当相互配合，共同做好调解工作。

第二十八条 人民调解委员会调解纠纷，一般在专门设置的调解场所进行，根据需要也可以在便利当事人的其他场所进行。

第二十九条 人民调解委员会调解纠纷，根据需要可以公开进行，允许当事人的亲属、邻里和当地（本单位）群众旁听。但是涉及当事人的隐私、商业秘密或者当事人表示反对的除外。

第三十条 人民调解委员会调解纠纷，在调解前应当以口头或者书面形式告知当事人人民调解的性质、原则和效力，以及当事人在调解活动中享有的权利和承担的义务。

第三十一条 人民调解委员会调解纠纷，应当在查明事实、分清责任的基础上，根据当事人的特点和纠纷性质、难易程度、发展变化的情况，采取灵活多样的方式方法，开展耐心、细致的说服疏导工作，促使双方当事人互谅互让，消除隔阂，引导、帮助当事人达成解决纠纷的调解协议。

第三十二条 人民调解委员会调解纠纷，应当密切注意纠纷激化的苗头，通过调解活动防止纠纷激化。

第三十三条 人民调解委员会调解纠纷，一般在一个月内调结。

第五章 人民调解协议及其履行

第三十四条 经人民调解委员会调解解决的纠纷，有民事权利义务内容的，或者当事人要求制作书面调解协议的，应当制作书面调解协议。

第三十五条 调解协议应当载明下列事项：

（一）双方当事人基本情况；

（二）纠纷简要事实、争议事项及双方责任；

（三）双方当事人的权利和义务；

（四）履行协议的方式、地点、期限；

（五）当事人签名，调解主持人签名，人民调解委员会印章。调解协议由纠纷当事人各执一份，人民调解委员会留存一份。

第三十六条 当事人应当自觉履行调解协议。人民调解委员会应当对调解协议的履行情况适时进行回访，并就履行情况做出记录。

第三十七条 当事人不履行调解协议或者达成协议后又反悔的，人民调解委员会应当按下列情形分别处理：

（一）当事人无正当理由不履行协议的，应当做好当事人的工作，督促其履行；

（二）如当事人提出协议内容不当，或者人民调解委员会发现协议内容不当的，应当在征得双方当事人同意后，经再次调解变更原协议内容，或者撤销原协议，达成新的调解协议；

（三）对经督促仍不履行人民调解协议的，应当告知当事人可以请求基层人民政府处理，也可以就调解协议的履行、变更、撤销向人民法院起诉。

第三十八条 对当事人因对方不履行调解协议或者达成协议后又后悔，起诉到人民法院的民事案件，原承办该纠纷调解的人民调解委员会应当配合人民法院对该案件的审判工作。

、

第六章　对人民调解工作的指导

第三十九条　各级司法行政机关应当采取切实措施，加强指导，不断推进本地区人民调解委员会的组织建设、队伍建设、业务建设和制度建设，规范人民调解工作，提高人民调解工作的质量和水平。

各级司法行政机关在指导工作中，应当加强与人民法院的协调和配合。

第四十条　各级司法行政机关应当采取多种形式，加强对人民调解员的培训，不断提高人民调解员队伍的素质。

第四十一条　各级司法行政机关对于成绩显著、贡献突出的人民调解委员会和人民调解员，应当定期或者适时给予表彰和奖励。

第四十二条　各级司法行政机关应当积极争取同级人民政府的支持，保障人民调解工作的指导和表彰经费；协调和督促村民委员会、居民委员会和企业事业单位，落实人民调解委员会的工作经费和人民调解员的补贴经费。

第四十三条　乡镇、街道司法所（科），司法助理员应当加强对人民调解委员会工作的指导和监督，负责解答、处理人民调解委员会或者纠纷当事人就人民调解工作有关问题的请示、咨询和投诉；应人民调解委员会的请求或者根据需要，协助、参与对具体纠纷的调解活动；对人民调解委员会主持达成的调解协议予以检查，发现违背法律、法规、规章和政策的，应当予以纠正；总结交流人民调解工作经验，调查研究民间纠纷的特点和规律，指导人民调解委员会改进工作。

第七章　附　则

第四十四条　人民调解委员会工作所需的各种文书格式，由司法部统一制定。

第四十五条　本规定自二〇〇二年十一月一日起施行。本规定发布前，司法部制定的有关规章、规范性文件与本规定相抵触的，以本规定为准。

附录三：

最高人民法院关于审理涉及人民调解协议的民事案件的若干规定

（法释〔2002〕29号）

为了公正审理涉及人民调解协议的民事案件，根据《中华人民共和国民法通则》、《中华人民共和国合同法》、《中华人民共和国民事诉讼法》，参照《人 民调解委员会组织条例》，结合民事审判经验和实际情况，对审理涉及人民调解协议的民事案件的有关问题作如下规定：

第一条 经人民调解委员会调解达成的、有民事权利义务内容，并由双方当事人签字或者盖章的调解协议，具有民事合同性质。当事人应当按照约定履行自己的义务，不得擅自变更或者解除调解协议。

第二条 当事人一方向人民法院起诉，请求对方当事人履行调解协议的，人民法院应当受理。

当事人一方向人民法院起诉，请求变更或者撤销调解协议，或者请求确认调解协议无效的，人民法院应当受理。

第三条 当事人一方起诉请求履行调解协议，对方当事人反驳的，有责任对反驳诉讼请求所依据的事实提供证据予以证明。

当事人一方起诉请求变更或者撤销调解协议，或者请求确认调解协议无效的，有责任对自己的诉讼请求所依据的事实提供证据予以证明。

当事人一方以原纠纷向人民法院起诉，对方当事人以调解协议抗辩的，应当提供调解协议书。

第四条 具备下列条件的，调解协议有效：

（一）当事人具有完全民事行为能力；

（二）意思表示真实；

（三）不违反法律、行政法规的强制性规定或者社会公共利益。

第五条 有下列情形之一的，调解协议无效：

（一）损害国家、集体或者第三人利益；

（二）以合法形式掩盖非法目的；

（三）损害社会公共利益；

（四）违反法律、行政法规的强制性规定。

人民调解委员会强迫调解的，调解协议无效。

第六条 下列调解协议，当事人一方有权请求人民法院变更或者撤销：

（一）因重大误解订立的；

（二）在订立调解协议时显失公平的；

一方以欺诈、胁迫的手段或者乘人之危，使对方在违背真实意思的情况下订立的调解协议，受损害方有权请求人民法院变更或者撤销。

当事人请求变更的，人民法院不得撤销。

第七条 有下列情形之一的，撤销权消灭：

（一）具有撤销权的当事人自知道或者应当知道撤销事由之日起一年内没有行使撤销权；

（二）具有撤销权的当事人知道撤销事由后明确表示或者以自己的行为放弃撤销权。

第八条 无效的调解协议或者被撤销的调解协议自始没有法律约束力。调解协议部分无效，不影响其他部分效力的，其他部分仍然有效。

第九条 调解协议的诉讼时效，适用民法通则第一百三十五条的规定。

原纠纷的诉讼时效因人民调解委员会调解而中断。

调解协议被撤销或者被认定无效后，当事人以原纠纷起诉的，诉讼时效自调解协议被撤销或者被认定无效的判决生效之日起重新计算。

第十条 具有债权内容的调解协议，公证机关依法赋予强制执行效力的，债权人可以向被执行人住所地或者被执行人的财产所在地人民法院申请执行。

第十一条 基层人民法院及其派出的人民法庭审理涉及人民调解协议的民事案件，一般应当适用简易程序。

第十二条 人民法院审理涉及人民调解协议的民事案件，调解协议被人民法院已经发生法律效力的判决变更、撤销，或者被确认无效的，可以适当的方式告知当地的司法行政机关或者人民调解委员会。

第十三条 本规定自2002年11月1日起施行。

人民法院审理民事案件涉及2002年11月1日以后达成的人民调解协议的，适用本规定。

附录四：

中共中央办公厅、国务院办公厅关于转发《最高人民法院、司法部关于进一步加强新时期人民调解工作的意见》的通知

（中办发〔2002〕23号）

各省、自治区、直辖市党委和人民政府，中央和国家机关各部委，军委总政治部，各人民团体：

《最高人民法院、司法部关于进一步加强新时期人民调解工作的意见》已经党中央、国务院同意，现转发给你们，请结合实际认真贯彻执行。

人民调解制度是在党的领导下，继承发扬我国民间调解的传统，经历了革命、建设和改革各个历史阶段的实践，不断发展和完善起来的一项社会主义法律制度。进一步做好新时期人民调解工作，对维护社会稳定，加强社会主义民主法制建设，实现国家的长治久安，具有重要的作用。各级党委和政府要从贯彻落实“三个代表”重要思想，维护人民群众根本利益，确保社会政治稳定的高度，切实加强对人民调解工作的领导和指导，促进人民调解工作的改革与发展，为维护改革发展稳定大局做出积极的贡献。

最高人民法院、司法部关于进一步加强新时期人民调解工作的意见。

新中国成立以来特别是改革开放以来，在各级党委和政府的关心支持下，人民调解组织每年调解民间纠纷600多万件，为加强社会主义法制建设、维护社会稳定和保障社会经济发展做出了重要贡献。为适应社会主义市场经济发展的需要，进一步巩固和发展人民调解制度，充分发挥人民调解工作在解决社会矛盾纠纷、维护社会稳定中的作用，现提出以下意见。

一、充分认识做好新时期人民调解工作的重要性和紧迫性

人民调解是一项社会主义法律制度，《中华人民共和国宪法》、《中华人民共和国民事诉讼法》和《人民调解委员会组织条例》等法律法规对此作出了明确规定。新中国成立以来，在党和政府的高度重视下，人民调解工作在化解民间纠纷，维护社会稳定，实现群众自治及基层民主政治建设方面发挥了重要作用。随着社会主义市场经济体制的建立和发展，以及各种利益关系的调整，出现了许多新的社会矛盾纠纷，矛盾纠纷的主体、内容日益多样化、复杂

化。许多纠纷如果不能及时疏导、化解，有可能发展成为群体性事件，甚至激化为刑事犯罪案件，严重干扰党和政府的中心工作，影响社会稳定和经济的持续发展。我国现有人民调解组织 90 多万个、人民调解员近 800 万人。充分调动这支队伍的积极性，发挥他们的工作优势，对于及时有效地化解新时期的社会矛盾纠纷，建立长期有效的社会矛盾纠纷调解机制，维护国家的长治久安和巩固党的执政地位，具有十分重要的意义。各级人民法院、司法行政机关和人民调解委员会要高度重视新时期人民调解工作，坚持以“三个代表”重要思想为指导，坚持依法治国、以德治国，促进人民调解工作的改革与发展，使其成为新形势下解决民间纠纷的更加坚实可靠的“第一道防线”。

二、积极推进新时期人民调解工作的改革与发展

人民调解委员会是群众性组织，其主要任务是调解民间纠纷，并通过调解工作宣传法律、法规、规章和政策，教育公民遵纪守法，遵守社会公德。当前民间纠纷表现出许多新的特点，原有的人民调解工作范围、组织形式、队伍素质等已经不能完全适应新形势的需要。人民调解工作要与时俱进，开拓创新，认真总结几十年来的成功经验，借鉴其他国家的有益做法，建立新机制，研究新情况，解决突出问题。人民调解要扩大工作领域，完善组织网络，提高队伍素质，规范工作程序，增强法律效力。同时，要将人民调解工作与基层民主政治建设相结合，与社会治安综合治理相结合，与人民来信来访工作相结合，使人民调解工作在社会主义民主法制建设中发挥更大的作用。

三、巩固、健全、发展多种形式的人民调解组织

村民委员会人民调解委员会、居民委员会人民调解委员会是人民调解工作的基础，是广大群众民主自治的较好形式之一，要巩固组织，规范工作，增强活力。要结合农村基层组织建设和城市社区建设，使其得到进一步巩固和发展。要适应新形势下化解民间纠纷及维护社会稳定的需要，积极推动建立和完善乡镇、街道人民调解组织，将乡镇、街道的司法调解中心逐步规范到人民调解的工作范畴。乡镇、街道人民调解组织可以由辖区内公道正派，业务能力强，热心人民调解工作，群众威信高的人民调解员、退休法官、检察官、律师、法学工作者及司法助理员等组成。企业、事业单位设立的人民调解委员会也要巩固和完善组织，充分发挥作用。要积极稳妥地发展行业性、区域性的自律性人民调解组织。人民调解工作要采取多种组织形式，便民利民，及时化解民间纠纷。

四、规范人民调解委员会的工作

要结合新时期人民调解工作的实际情况，进一步规范人民调解的工作方式、工作程序、工作纪律，增强人民调解程序的公正性，提高人民调解委员会的工作水平和社会公信力。人民调解工作应遵循的三项基本原则是：依据法律、法规、规章和政策及社会主义道德进行调解；在双方当事人自愿平等的基础上进行调解；尊重当事人的诉讼权利，不得因未经调解或者调解不成而阻止当事人向人民法院起诉。人民调解委员会调解纠纷，要坚持公开、公平、公正，及时化解矛盾纠纷，按规定进行登记和制作笔录，根据需要或者应当事人的请求，制作调解协议。可以邀请公安派出所等有关单位和个人参加调解工作，被邀请的单位和个人应当给予支持。人民调解委员会调解民间纠纷不收费，人民调解员要严格遵守《人民调解委员会组织条例》规定的纪律。

五、依法确认人民调解协议的法律效力

各级人民法院特别是基层人民法院及其派出的人民法庭，要认真贯彻执行《最高人民法院关于审理涉及人民调解协议的民事案件的若干规定》，对在人民调解委员会主持下达成的调解协议，一方当事人反悔而起诉到人民法院的民事案件，应当及时受理，并按照该司法解释的有关规定准确认定调解协议的性质和效力。凡调解协议的内容是双方当事人自愿达成的，不违反国家法律、行政法规的强制性规定，不损害国家、集体、第三人及社会公共利益，不具有无效、可撤销或者变更法定事由的，应当确认调解协议的法律效力，并以此作为确定当事人权利义务的依据，通过法院的裁判维护调解协议的法律效力。

六、努力提高人民调解员的素质

人民调解员应该具有较高的思想道德水平，公道正派，热心人民调解工作，能够联系群众，在群众中有威信，并有一定的法律知识和政策水平。要按照不同类型、不同层次人民调解委员会工作范围的特点和要求，明确各类人民调解员必须具备的法律水平和文化程度，定期进行培训，不断提高人民调解员的综合素质。乡镇、街道人民调解委员会可以通过民主选举与聘任相结合，不断优化人民调解员的队伍结构。

七、充分发挥人民调解工作在维护社会稳定中的作用

广大人民调解组织和人民调解员，要在基层人民政府和基层人民法院指导下，自觉围绕党和国家工作大局，以维护社会稳定为首要任务，继续发扬无私奉献精神，广泛深入地开展人民调解工作。要适应民间纠纷发展的新情况、新

特点，在调解公民日常生活中发生纠纷的基础上，根据维护社会稳定的需要，积极扩大工作领域。要积极调解婚姻、家庭、邻里、赔偿等常见性、多发性纠纷，稳定社会关系。要结合本地社会经济发展的特点，针对突出的难点热点纠纷开展调解工作，缓解改革进程中的利益冲突。要把预防矛盾纠纷作为新时期人民调解工作的重点，坚持抓早、抓小、抓苗头，把矛盾纠纷解决在萌芽状态，严防民间纠纷激化而引起自杀、凶杀、群众性械斗和群体性上访事件，全力维护社会稳定。

八、人民法院要切实加强对人民调解委员会的指导

根据《中华人民共和国民事诉讼法》、《中华人民共和国人民法院组织法》的规定，指导人民调解委员会的工作是人民法院的职责。各级人民法院特别是基层人民法院及其派出的人民法庭要不断总结经验，深入探索研究，切实加强和改进对人民调解委员会工作的指导。人民法院审理涉及人民调解协议的民事案件，调解协议被人民法院生效判决变更、撤销或者确认无效的，可以适当方式告知当地司法行政机关或者人民调解委员会；发现人民调解员违反自愿原则，强迫当事人达成调解协议的，应当及时向当地司法行政机关或者人民调解委员会提出纠正的建议；要积极配合当地司法行政机关加强对人民调解员的业务培训，帮助人民调解员提高法律知识水平和调解纠纷的能力。基层人民法院及其派出的人民法庭可以通过举办培训班等方式对人民调解员进行培训或组织他们旁听案件审判，可以安排人民调解员参与庭审前的辅助性工作，也可以聘任有经验的人民调解员担任人民陪审员。

九、司法行政机关要把指导人民调解委员会的工作作为重要任务抓紧抓实

乡镇、街道司法所和司法助理员，要认真履行职能，指导人民调解委员会的日常工作。要适应新时期人民调解工作改革与发展的需要，不断加强人民调解工作的规范化、程序化、制度化建设。司法行政机关要注意总结推广人民调解工作的成功经验和做法，针对新情况、新问题，不断研究和探索加强人民调解工作的思路与途径。要与人民法院密切配合，共同加强对人民调解工作的指导，积极推动新时期人民调解工作的改革与发展，为维护社会稳定做出积极的贡献。

附录五：

最高人民法院司法部
关于进一步加强人民调解工作
切实维护社会稳定的意见

（司发〔2004〕1号）

各省、自治区、直辖市高级人民法院、司法厅（局），解放军军事法院，新疆维吾尔自治区高级人民法院新疆生产建设兵团分院，新疆生产建设兵团司法局：

2002年以来，各地认真贯彻中央办公厅、国务院办公厅转发的《最高人民法院、司法部关于进一步加强新时期人民调解工作的意见》（中办发〔2002〕23号文件）、最高人民法院《关于审理涉及人民调解协议的民事案件的若干规定》、司法部《人民调解工作若干规定》，人民调解工作取得了显著成效，为预防和减少民间纠纷、避免群体性突发事件、维护社会稳定做出了贡献。当前，社会主义市场经济发展的新形势和社会矛盾纠纷的新特点，对人民调解工作提出了新的、更高的要求。各级人民法院、司法行政机关要以“三个代表”重要思想为制度，坚持立党为公、执政为民，进一步加强新时期人民调解工作，切实维护社会稳定。

一、充分认识进一步加强新时期人民调解工作的重要性和紧迫性

1. 当前，我国政治稳定，经济发展，人民群众安居乐业。但是随着改革开放的深入和利益格局的调整，社会矛盾纠纷表现出新的特点。因土地承包、村务管理、征地拆迁、企业改制重组破产等引发的群体性事件不断发生。部分地区群众上访、重复上访、越级上访、集体上访增加，影响了正常的社会秩序。正确处理新形势下人民内部矛盾、维护社会稳定的任务十分紧迫和繁重。人民调解作为一项具有中国特色的法律制度，是诉讼程序之外化解矛盾、消除纷争的有效手段，是提高公民法制观念和道德水平、推进基层民主法制建设的有效途径，是新时期维护社会稳定的“第一道防线”。各级人民法院和司法行政机关一定要从贯彻落实“三个代表”重要思想和党的十六大、十六届三中全会精神的高度，坚持党的领导、人民当家作主和依法治国的有机统一，进一步增强做好新时期人民调解工作的责任感和使命感，进一步加强指导，充分发挥人民调解在正确处理人民内部矛盾中的优势与作用，努力把各种矛盾纠纷化解在基层。

二、充分发挥人民调解组织在化解矛盾纠纷中的作用

2. 大力加强人民调解工作。人民调解工作要适应新形势下正确处理人民内部矛盾的需要，不断拓展工作领域，做到哪里有民间纠纷，人民调解就在哪里发挥作用。认真做好婚姻、家庭、邻里、损害赔偿、房屋宅基地、生产经营等多发性、常见性民间纠纷的调解。紧紧围绕党委政府的中心工作，着力做好涉及土地承包、村务管理、征地拆迁、企业改制重组破产等方面的群体性、复杂性、易激化矛盾纠纷的调解工作。采取各种措施，提高调解率、调解成功率和协议履行率。

3. 在调解工作中广泛开展法制宣传教育。调解的过程就是法制宣传教育的过程。要充分发挥人民调解组织和人民调解员分布广、贴近群众的优势，坚持在调解工作中深入开展法制宣传和道德教育，提高群众的法律素质和道德修养。尤其是在党和国家重大政策出台时，要结合调解事例有针对性地加强与群众切身利益密切相关的法律、法规和政策的宣传，增强时效性，从源头上防范矛盾纠纷。

4. 及时掌握和报告纠纷信息。人民调解组织应定期向司法所反映矛盾纠纷的种类、数量、特点等信息以及人民群众关注的热点和难点问题。基层司法行政机关要定期汇总人民调解组织反映的情况和信息，及时向同级党委政府和上级司法行政机关报告，并提出有关工作建议，使人民调解工作成为各级党委政府了解社情民意的重要渠道。

5. 有效防止矛盾纠纷激化。人民调解组织要坚持抓早、抓小、抓苗头，努力把矛盾纠纷化解在萌芽状态，消灭在激化之前，防止因矛盾纠纷激化导致刑事案件和自杀事件。对人民调解组织调解不了、有关部门一时难以解决的矛盾纠纷，人民调解组织和广大人民调解员要配合党委、政府和有关部门做好教育、疏导、转化工作，引导群众自觉守法，依法维护自身的合法权益，防止过激行为，维护社会稳定。

三、严格依法及时审理涉及人民调解协议的案件

6. 依法及时审理。各地法院特别是基层人民法院及其派出人民法庭，对各类涉及人民调解协议的案件，要严格按照最高人民法院《关于审理涉及人民调解协议的民事案件的若干规定》，对符合受理条件的应当及时受理，并依法公正审理。

7. 正确确定案由。人民法院受理的涉及人民调解协议的民事案件，案由仍按纠纷性质确定。但在司法统计时，应当将每类案件中包含的涉及人民调解协议的案件数量单独立项进行统计，以便有针对性地加强指导。

8. 依法适用督促程序。当事人持已经生效的人民调解协议向人民法院申请支付令的，只要符合民事诉讼法第十七章规定的条件，人民法院应当支持。

9. 强化诉讼调解。人民法院审理涉及人民调解协议的民事案件一般应当进行调解。在调解过程中，经征得双方当事人同意，人民法院可以邀请人民调解员协助诉讼调解，帮助人民法院做好当事人的思想工作。

四、切实加强人民调解组织、队伍、制度建设

10. 健全人民调解组织网络。认真贯彻《村民委员会组织法》、《居民委员会组织法》、《人民调解委员会组织条例》和中央办公厅、国务院办公厅转发的《最高人民法院、司法部关于进一步加强新时期人民调解工作的意见》和司法部《人民调解工作若干规定》，迅速建立健全各种形式的人民调解组织。当前的重点是巩固和加强村、居人民调解委员会，消除空白点；建立健全乡镇、街道人民调解委员会。要坚持人民调解委员会的群众性和自治性，确保人民调解组织依法规范运行。为提高调解成功率，人民调解组织调解纠纷时，可以邀请有关单位和个人参加，有关单位和个人应予支持。

11. 努力提高调解队伍素质。要严格按照规定的条件选任人民调解员，积极吸收符合条件的离退休法官、检察官，以及律师、法律工作者等志愿者参加人民调解工作，逐步建立起一支懂法律、懂政策、知民情、热心人民调解工作的专兼职相结合的人民调解员队伍。要按照《司法部关于加强人民调解员培训工作的意见》，今年对人民调解员普遍进行一次培训，各地利用举办培训班、以会代训、旁听审判、担任人民陪审员等多种形式加强对人民调解员的培训，使其掌握人民调解工作常用的法律、法规和工作技能，熟练制作调解文书。今后，人民调解员每年都要进行年度培训。司法部将适时利用卫星远程电化教育形式，对人民调解骨干进行培训。

12. 增强人民调解工作效能。要充分发挥人民调解便民、利民、亲民和不收费的特点和优势，利用“村头”、“地头”、“炕头”等群众易于接受的方式及时、就地调解矛盾纠纷。对于那些疑难复杂、跨地区、跨单位的民间纠纷，乡镇、街道人民调解委员会要及时受理，及时调解。要积极创造条件，实现人民调解委员会标牌、印章，人民调解标识、程序、制度、文书“六统一”，保障人民调解的公正、规范和效能，不断提高人民调解的社会公信力。

五、进一步加强对人民调解工作的指导

13. 基层人民法院及其派出人民法庭与基层司法行政机关及司法所要结合本地实际，建立多种形式的联系机制，加强沟通与协作，共同研究、及时指导人民调解工作。人民法院要积极配合司法行政机关组织开展的人民调解员培训工作，派出有经验的法官就相关法律知识和调解技巧进行讲解。人民法院可以邀请人民调解员到法院旁听依法公开审理的案件。可以聘请有经验的人民调解员担任人民陪审员，参与审理非经本人调解过的民事案件。人民法院法官可以接受人民调解员在调解过程中遇到的有关法律问题的咨询，但不得针对正在进行调解的具体纠纷直接发表意见。

14. 司法行政机关要定期向党委、政府汇报人民调解工作，主动争取当地党委、政府的领导和支持，帮助解决人民调解工作中的实际困难和问题。要积极争取党委、政府在重大改革措施出台的同时，部署人民调解工作。努力将人民调解工作同基层民主政治建设相结合，与社会治安综合治理相结合，与人民群众来信来访工作相结合，使人民调解工作在社会主义民主法制建设中发挥更大的作用。

15. 建立和完善人民调解工作经费保障机制。各级司法行政机关要将人民调解宣传、培训、表彰等经费列入业务经费预算，落实到位，并根据工作发展逐年增加，足额保障。要争取乡镇人民政府、街道办事处、村委会、居委会、企事业单位等，落实人民调解委员会的工作经费和调解人员补贴经费，为促进人民调解工作的发展提供有力保障。

16. 大力表彰人民调解工作先进集体和先进个人。各地要采取多种形式，对在人民调解工作中做出突出贡献的人民调解委员会、人民调解员进行表彰奖励。充分利用广播、电视、报纸、杂志等各种新闻媒体广泛宣传人民调解工作在化解社会矛盾纠纷、维护社会稳定中的作用，宣传人民调解员的模范事迹，激励广大人民调解员进一步做好人民调解工作，促使社会各界人士关心支持人民调解工作，为人民调解工作的发展创造良好的社会环境和舆论氛围。

17. 切实加强人民法庭和司法所建设。人民法庭、司法所担负着指导人民调解工作的重要职责。按照中央关于加强"两所一庭"建设的要求，全面加强司法所和人民法庭组织建设、业务建设、队伍建设和基本设施建设。要积极争取中央政法补助专款等专项资金使用到位，保障足额的配套资金用于司法所和法庭建设，努力改善办公条件。各级司法行政机关要采取有力措施，进一步健全司法所组织机构，保证政法专项编制专职专用，为司法所配备政治上强、熟悉调解业务、懂法律、作风好的干部。各级人民法院要建立健全人民法庭指导机构，继续落实经济发达地区人民法院对经济不发达地区、欠发达地区的基层

人民法院及其派出人民法庭的对口支援，加强对基层人民法院及其派出法庭法官的职业道德素质、法律业务知识培训，加强对人民法庭的物资建设，为指导人民调解工作创造有利条件。